Paris sous la République de 1848

Exposition de la Bibliothèque
et des Travaux historiques de la Ville de Paris,

organisée avec le concours de la
Société d'histoire de la Révolution de 1848
et de plusieurs collectionneurs.

L'Exposition est ouverte gratuitement au
public, à l'Hôtel Le Peletier de Saint-Fargeau,
29, rue de Sévigné, tous les jours, le dimanche
compris, de 10 heures du matin à 5 heures du soir,
depuis le 25 juin jusqu'au 1er octobre 1909.

Conférences sur le sujet de l'Exposition, le
vendredi, à 4 heures, depuis le 2 juillet jusqu'au
1er août et depuis le 17 septembre jusqu'au
1er octobre.

AVERTISSEMENT

Le Service de la Bibliothèque et des Travaux historiques de la Ville de Paris, en offrant cette Exposition au public, remplit une partie du programme qui lui a été assigné lors de sa réorganisation en 1906.

Consacré à l'évolution historique de Paris, ce Service met à la disposition des chercheurs, par le moyen de la Bibliothèque — ouverte, saut durant le mois d'août, les jours non fériés, de 9 heures à 5 heures du 1er mars au 1er octobre, et de 9 heures à 4 heures du 1er octobre au 1er mars — les collections les plus précieuses à tous les points de vue du passé de la grande cité. Imprimés de toutes sortes, ouvrages rares ou curieux y voisinent avec la série complète des plans de Paris, depuis le xvie siècle, et un fonds de manuscrits qui abonde en documents inédits.

Les destinées de la ville immense, au long des siècles passés, sont inscrites dans ces documents et ces livres ou se révèlent sur ces plans évocateurs du Paris d'autrefois.

Un *Catalogue*, publié par tranches méthodiques, sous forme de monographies à la fois bibliographiques et historiques, est destiné à répandre les connaissances de ces richesses variées et à procurer aux chercheurs de nouveaux instruments de travail. Le premier volume, relatif aux impressions du xvie siècle visant l'histoire générale de Paris, a paru. En même temps, le *Bulletin de la Bibliothèque et des Travaux historiques* met le public au courant des récentes acquisitions et des dons, lui signale les faits du Service susceptibles de l'intéresser ou contient des travaux de nature bibliographique et afférents aux sources de l'histoire parisienne.

Non content d'essayer de mettre ainsi en lumière les ressources d'étude dont il a la charge, le Service de la Bibliothèque et des Travaux historiques se préoccupe de constituer, depuis 1907, un vaste *Office d'informations bibliographiques et de recherches historiques sur Paris* qui renfermera, sur fiches, notamment l'indication des documents et pièces touchant Paris manquant à la Bibliothèque et se trouvant conservés dans des dépôts divers. A l'heure actuelle, soixante mille fiches environ sont classées et permettent de fournir des renseignements aux chercheurs soit sur place, soit par correspondance. Le troisième fascicule du *Bulletin* expose en détail comment cet *Office* est organisé.

L'action du Service se manifeste en outre par l'enseignement de l'histoire de Paris, dont est chargé l'Inspecteur des Travaux historiques, conservateur de la Bibliothèque, et qui comprend un cours public ayant lieu le lundi, à 4 heures et demie, depuis le début de décembre jusqu'aux approches de Pâques, ainsi qu'une conférence d'études qui se prolonge jusqu'au mois de juin et est réservée aux personnes désireuses d'approfondir l'étude des sources de l'histoire de Paris. Une importante série de clichés à projections sur le vieux Paris alimente d'illustrations le cours public, qui se fait dans la salle même où l'Exposition est présentement ouverte.

Enfin, quatre collections d'ouvrages consacrés au passé de Paris depuis les temps les plus reculés jusqu'à nos jours, et dont chacun est confié, sous le contrôle du Service, aidé de Commissions techniques, à un érudit spécialement qualifié, constituent, à proprement parler, les *Travaux historiques* de la Ville.

Fondée, avec le Musée, à l'Hôtel Carnavalet, par Jules Cousin, la Bibliothèque en a été séparée pour prendre possession, en 1898, à l'état d'administration distincte, de l Hôtel Le Peletier de Saint-Fargeau qu'un ancêtre du célèbre conventionnel avait fait construire, vers la fin du xvii° siècle, par l'architecte Pierre Bullet. Le Musée a conservé, outre les objets de toutes sortes, les cartons d'estampes sur Paris. A la Bibliothèque sont restées celles de ces estampes qui forment série reliée ou font corps avec un texte pour constituer un livre. Ce dépôt possède aussi une collection unique de photographies d'aspects de Paris, remontant au milieu du xix° siècle et exécutées par les soins du Service historique. A ces ensembles, il convient d'ajouter de nombreuses gravures isolées qui ont été offertes à la Bibliothèque.

Ces éléments réunis fournissent maintes données iconographiques sur le Paris de la République de 1848.

A ces pièces sont venues s'ajouter celles des bienfaiteurs ordinaires des Expositions du Service :

MM. Georges Decaux et Georges Hartmann, auxquels s'est obligeamment joint M. Paul Blondel. La *Société d'histoire de la Révolution de 1848*, présidée consécutivement par MM. Adolphe Carnot, Levasseur et Ferdinand Dreyfus et qui, depuis 1904, publie, sous la direction de M. Georges Renard, un Bulletin riche en documents sur cette époque, a bien voulu, à son tour, prêter son utile concours à la présente Exposition. L'un de ses membres les plus actifs, M. André Lebey, a gracieusement mis les collections qu'il possède à la disposition du Service qui en a usé et ses démarches, au nom de la Société, ont procuré à l'Exposition de précieux souvenirs dus à Mmes de Castries (aquarelle sur les journées de juin et buste de Lamoricière), Cavaignac (portrait du général Cavaignac par Horace Vernet, son épée, un album d'aquarelles des journées de juin, etc.), de Charnacé (portrait de Daniel Stern par Chasseriau), Fouqué-Pagnerre (buste, insignes et portefeuille de Pagnerre, secrétaire général du Gouvernement provisoire), Henneguy (cannes, montre, portefeuille, écharpe, insignes, diplômes de bachelier et maçonnique de P.-J. Proudhon) et à MM. Kleine (portraits de Victor Considérant par Jean Gigoux et de Ch. Fourier), Ladislas Mickiewicz (photographie du portrait de son père, fragment du trône de Louis Philippe, etc.), J. Prudhommeaux (portrait de Cabet). Deux fonctionnaires de la Bibliothèque et des Travaux historiques : MM. Stirling et Baguenier-Desormeaux, ont eu l'amabilité de faire aussi bénéficier l'Exposition de pièces de leurs collections. Que tous veuillent bien trouver ici l'expression de la gratitude du Service !

Cette Exposition a le même caractère que les précédentes : son but est à la fois de répandre la connaissance des ressources d'études de la Bibliothèque et d'instruire le public sur un point du passé de Paris. Aussi éloignée du Musée que de l'Exposition générale, elle vise plutôt à la leçon de choses ou à l'enseignement visuel, en offrant un choix restreint de pièces groupées aussi méthodiquement que possible, accompagnées chacune d'une étiquette explicative et présentées par le moyen d'une Notice synthétique.

On voudra bien remarquer, en outre, qu'il ne s'agit pas, à proprement parler, d'une Exposition sur l'histoire de la République de 1848, mais d'un essai de reconstitution, par l'image, de Paris et de la vie de cette cité à ce moment. C'est la continuation de l'Exposition de 1908 qui était relative à *Paris au temps des Romantiques.*

Du point de vue précédemment indiqué, il résulte que les événements politiques sont représentés avant tout par les journées révolutionnaires, œuvre du peuple de Paris et les faits qui se sont passés dans les rues de cette ville. La vie politique, le mouvement social et ouvrier sont rappelés dans leurs liens avec la capitale.

A la suite des ÉVÉNEMENTS, viennent le CADRE TOPO-GRAPHIQUE et la VIE DE PARIS.

LES ÉVENEMENTS

I

La Fin d'un règne

Ce n'est pas le Louis-Philippe des estampes officielles, à l'air bonhomme et bienveillant, que présente la photographie faite d'après un daguerréotype, pris par Daguerre lui-même ou par l'un des princes, au château de Neuilly, à la veille de la Révolution de Février. Et c'est bien la physionomie vraie du roi, vieilli, s'exagérant singulièrement la solidité de son trône, tenace dans ses décisions, s'entêtant à garder un ministre, Guizot, dont le nom est devenu un de ces symboles de mécontentement semblable à celui qu'avait été en 1830 le nom du prince de Polignac.

Au reste, depuis quelque temps, on s'entretient à Paris de dissentiments qui divisent la famille royale; et, en vérité, les princes et les princesses se réunissent moins assidûment dans le petit salon de la reine situé au rez-de-chaussée du palais des Tuileries, entre le pavillon de Flore et le pavillon de l'Horloge, où se trouvaient les appartements royaux, jadis habités par Marie-Antoinette. La duchesse d'Orléans occupait les anciens appartements de la duchesse de Berry, c'est-à-dire le rez-de-chaussée du pavillon de Marsan; elle montrait beaucoup de froideur à Guizot et, dans l'entourage du roi, on la traitait volontiers de « Jacobine ». Le duc de Nemours habitait l'étage supérieur; et, dans l'aile en retour sur la place du Carrousel, rejoignant la partie du palais affectée à l'Etat-Major de la Garde Nationale, tout proche le guichet de Rohan actuel, s'allongeaient les appartements du duc d'Aumale et du prince de Joinville, les plus populaires des fils du roi, mais absents de France, en ce moment où l'avenir de la dynastie de Juillet paraissait s'assombrir.

Depuis plusieurs années, l'opposition dans la Chambre des Députés, réclamait en vain une double réforme: la réforme électorale et la réforme parlementaire: ces propositions avaient été constamment repoussées par le ministère Guizot et la majorité, sous divers prétextes. L'opposition résolut alors de commencer une campagne dont le mot d'ordre serait la réforme électorale, et d'organiser par toute la France une série de banquets, c'est-à-dire de réunions, afin de provoquer dans le pays une agitation légale. Les promoteurs de ce projet étaient Duvergier de Hauranne, grand admirateur des idées anglaises, et Odilon Barrot, dont l'appartement (rue de la Ferme des Mathurins, 24, actuellement rue Vignon) devint le lieu habituel des réunions, des organisateurs.

Le premier banquet « réformiste » eut lieu à Paris, le 9 juillet 1847, dans les jardins du *Château-Rouge*, établissement chorég aphique installé dans une habitation brique et pierre construite sous Louis XVI pour un Monsieur Christophe, subdélégué de l'intendance de Paris. Le ton de brique dominant dans la façade avait certainement causé sa dénomination et, rapprochant son architecture de celle du pavillon Henri IV à Saint-Germain, la légende y abritait les premiers instants des royales amours de Gabrielle d'Estrées. Écorné par le percement du boulevard Barbès, le Château-Rouge a disparu en 1882, et, sur son emplacement, on a édifié les maisons qui font l'angle sud-est de la rue de Custine et de la rue de Clignancourt.

C'est là que fut inaugurée la campagne des banquets, prélude des journées de Février. L'effet immédiat de cette manifestation paraît avoir été médiocre; toutefois, au commencement de 1848, une commission fut chargée d'organiser un nouveau banquet réformiste dans le douzième arrondissement, dont le territoire correspond à peu près à celui du V° arrondissement actuel. Il devait avoir lieu rue Pascal; puis on choisit un terrain vague situé dans les Champs-Élysées, vers l'endroit où notre rue de Galilée coupe la rue Vernet, et la date du 22 février fut fixée. Mais, dans la soirée du 21, on afficha sur les murs de Paris un arrêté du préfet de police, G. Delessert, interdisant le banquet et, le soir, les députés réformistes, dans une réunion qui se tint chez Odilon Barrot, décidèrent que pour éviter toute émeute, on renoncerait au projet. Dans les rues quelques passants s'arrêtaient pour lire les affiches contre les attroupements et le banquet, puis se dispersaient aussitôt; aux Tuileries, on se réjouissait sans arrière-pensée.

Le lendemain, 22, dès sept heures du matin, une foule inaccoutumée se répand dans Paris. Ce sont des ouvriers qui ne vont point au travail, des femmes, des enfants, des curieux de toute sorte, attirés par les bruits qui circulent à l'occasion du banquet. — Est-il vraiment contremandé? Aura-t-il lieu? — La garde nationale y viendra-t-elle? — Le Gouvernement exécutera-t-il sa menace? — Se défendra-t-on? — Les troupes occupent tous les points principaux de Paris. A dix heures, la foule qui grossit à vue d'œil, encombre les abords de la Chambre des députés, le pont et la place de la Concorde, la rue Royale et la place de la Madeleine, se groupant surtout devant le café Durand, lieu habituel des réunions des députés de l'opposition. Les élèves des écoles se présentent à la Chambre. Les troupes les couchent en joue; ces jeunes gens découvrent leurs poitrines et disent aux soldats : « Tuez-nous! » Ils voient les fusils se relever devant eux, et passent librement. Vers midi, les gardes municipaux balayent la foule qui couvre le pont de la Concorde; les dragons parcourent au grand galop la contre allée des Champs-Élysées; des huées et des sifflets accueillent la garde municipale; un cabriolet est renversé. Plusieurs charges ont lieu; une dame âgée reste sur la place: un ouvrier, atteint d'un coup de sabre, est transporté au café des Ambassadeurs.

D'autres scènes tumultueuses se passaient presque simultanément devant le ministère des affaires étrangères, (boulevard des Capucines, entre les rues des Capucines et Daunou), à la Bourse, au Palais-Royal et sur la place de la Bastille. Pour se procurer des armes, le peuple arrache les grilles de l'Assomption, de Saint-Roch, du ministère de la marine. A bas Guizot! Vive la Réforme! crie-t-on partout. Le mot « barricade » est prononcé, et, aussitôt, rue Saint-Florentin, rue Duphot, rue Saint-Honoré, on en esquisse quelques-unes à l'aide d'omnibus renversés et de pavés en tas.

Toutefois, cette journée du 22 ne présenta que le tableau d'une agitation sans but bien arrêté, du moins en apparence.

Puis, vers 8 heures, une clameur immense retentit jusqu'au château: les enfants de l'émeute viennent de mettre le feu aux chaises et aux bancs des Champs-Élysées, et forment autour du brasier une ronde joyeuse qui dure longtemps dans la nuit. Partout ailleurs, Paris est muet, et le pouvoir croit qu'il est calme. Cependant la troupe, qui a bivouaqué à la pluie, les pieds dans la boue, l'esprit perplexe et le corps transi, aperçoit, aux premières lueurs du jour, une multitude résolue qui afflue par les rues Saint-Martin, de Rambuteau, Saint-Merri, du Temple, Saint-Denis, dans tout ce quartier de l'émeute dont on peut suivre aisément la physionomie sur la *Vue en relief et à vol d'oiseau* du Paris de 1848. Sur beaucoup de points, on a élevé des barricades, jalousement surveillées. Enfin, vers sept heures, on entend battre le rappel; la garde nationale se rassemble; l'action décisive va s'engager. Et les légions de la garde citoyenne s'avancent partout en criant: Vive la Réforme, empêchant l'armée de tirer sur le peuple, croisant au besoin la baïonnette contre la garde municipale, ainsi qu'il advint place des Petits-Pères.

Le vieux roi apprit cette attitude vers une heure et demie, par le général Friant: il n'opposa plus qu'une résistance molle aux influences contradictoires qui se disputèrent les derniers actes de son règne. Il demanda à Molé de former un cabinet conciliateur. La nouvelle se répandit aussitôt dans Paris, et, la nuit étant venue, on illumina les maisons, tandis qu'une foule de promeneurs paisibles et satisfaits allait par les rues.

Tout était fini, quand, vers dix heures, une troupe de manifestants arriva devant le ministère des affaires étrangères et se heurta à un bataillon de ligne. Un coup de pistolet fut tiré, dit-on; ce qui est certain, c'est que les soldats firent feu, qu'une soixantaine de personnes furent tuées ou blessées, et, de toute part, retentirent des cris de vengeance.

« Minuit va sonner. Les boulevards sont faiblement éclairés encore par l'illumination palissante. Les portes, les fenêtres des maisons et des boutiques sont closes:

chacun s'est retiré chez soi, le cœur oppressé de tristesse... Tout à coup un roulement sourd se fait entendre sur le pavé, quelques fenêtres s'entr'ouvrent avec précaution... Dans un chariot attelé d'un cheval blanc, que mène par la bride un ouvrier aux bras nus, cinq cadavres sont rangés avec une horrible symétrie. Debout sur le brancard, un enfant du peuple, au teint blême, l'œil ardent et fixe, le bras tendu, presque immobile, comme on pourrait représenter le Génie de la Vengeance, éclaire des reflets de sa torche, penchée en arrière, le corps d'une jeune femme dont le cou et la poitrine livide sont maculés d'une longue traînée de sang. De temps en temps, un autre ouvrier, placé à l'arrière du charriot, enlace de son bras musculeux ce corps inanimé, le soulève en secouant sa torche, d'où s'échappe des flammèches et des étincelles, et s'écrie en promenant sur la foule des regards farouches : Vengeance ! Vengeance ! On égorge le peuple ! Aux armes ! répondent des voix ; et le cadavre retombe au fond du chariot qui continue sa route... "

Les barricades se relèvent, tandis que le vieux roi apprenant que Molé renonce à composer un ministère, effrayé par le fantôme de la République qui se dresse devant lui, consent enfin à appeler au pouvoir Thiers et Odilon Barrot, et investit le maréchal Bugeaud du commandement général de la force armée.

<h2 style="text-align:center">II</h2>

<h1 style="text-align:center">En Révolution</h1>

Le jeudi 24 février, Paris, dès le matin, se hérissa de barricades qui s'échelonnaient menaçantes depuis les faubourgs jusqu'aux abords des Tuileries. Les arbres des boulevards étaient abattus ; les rues dépavées ; les corps de garde, les bureaux d'octroi, les guérites, les bancs étaient renversés, brûlés, brisés en mille pièces ; toutes les boutiques fermées. « Des monceaux de cendres, vestiges des feux de bivouacs ajoutaient encore à la tristesse de ce spectacle. Insurgés, gardes nationaux, jeunes gens des écoles, descendaient tumultueusement sur les places et dans les rues, se communiquant avec d'égales marques de réprobation, la nouvelle de la nuit : la nomination du maréchal Bugeaud. Ce nom, voué à l'exécration de la population parisienne, effaçait de son sinistre éclat tous les autres ; c'est à peine si, dans les rassemblements, on daignait écouter les voix bien intentionnées qui parlaient d'un ministère conciliateur et croyaient arrêter l'irritation en nommant Odilon Barrot. Les proclamations en petit nombre et non signées qu'on tentait de placarder sur les murs étaient aussitôt lacérées et foulées aux pieds. Partout où se réunissait la garde nationale, considérant la nomination du duc d'Isly comme une nouvelle insulte, elle n'avait qu'un cri : A bas Bugeaud ! A bas l'homme de la rue Transnonain! et elle déclarait unanimement qu'elle n'obéirait point à ses ordres » (Daniel Stern.) De leur côté, les journaux démocratiques : la *Réforme*, dont les bureaux étaient situés rue J.-J.-Rousseau, dans l'ancien hôtel de Bullion (détruit par suite de l'élargissement de la rue Coquillière), le *National*, installé rue Le Peletier, 3, publiaient une protestation rédigée la veille, dans une réunion politique, par Louis Blanc.

Vers huit heures du matin, le peuple s'était emparé, de gré ou de force, de presque toutes les mairies et de cinq casernes, où il s'était approvisionné de munitions. Il occupait la porte Saint-Denis, la place des Victoires, la pointe Saint-Eustache, tous les points stratégiques de l'intérieur. Ainsi le mouvement révolutionnaire, loin de s'apaiser, se propageait, et déjà il était trop tard, aussi bien pour les concessions que pour la résistance. La proclamation du ministère Odilon Barrot est partout déchirée, et l'ordre de suspendre le feu, expédié à tous les chefs de corps, avec la singulière injonction de garder leurs positions, achève de déconcerter officiers et soldats. A vrai dire, d'ailleurs, le peuple n'avait rencontré nulle part de résistance bien sérieuse. Presque partout la garde nationale s'était interposée entre les combattants. Quelques décharges isolées sur le boulevard du Temple, dans le faubourg Saint-Antoine, sur la place de la Bastille, avaient tué ou blessé de part et d'autre un petit nombre d'hommes. Mais ces engagements partiels avaient tous fini par le désarmement des soldats et par une fraternisation au cri de : Vive la ligne !

Rue Saint-Honoré, au moment où un bataillon de la ligne s'apprêtait à charger les défenseurs d'une barricade, un jeune homme s'élança, tenant un drapeau tricolore à la main ; parvenu au faîte, il l'enroula autour de son corps et s'adressant à la troupe : « Oserez-vous tirer sur le drapeau de la France ». Les soldats s'arrêtèrent aussitôt, déchargèrent leurs fusils en l'air et les livrèrent aux citoyens.

Si les barricades furent nombreuses (1.512, d'après le plan dressé sur les indications du colonel du génie Leblanc), si on remua beaucoup de pavés (1,277,000, d'après le même officier), il n'y eut, pendant les journées de Février, qu'un seul coup de canon de tiré ; ce fut sur les rassemblements de la rue des Filles-du-Calvaire. Bientôt, il n'y eut plus, dans tout Paris, qu'un seul point qui défendit les abords des Tuileries : le poste du Château-d'Eau de la place du Palais-Royal, grand corps de garde, dont tout le premier étage était occupé par une large fontaine en rocailles et à chute d'eau.

Un détachement du 14e de ligne, ce même régiment qui portait la responsabilité de la fusillade du boulevard des Capucines, y tenait tête aux insurgés dont le nombre augmentait sans cesse. Le bruit du combat s'entendait très nettement dans les appartements des Tuileries.

Il était dix heures, et le roi déjeunait en famille dans la galerie de Diane, quand M. de Rémusat vint lui faire part des progrès de l'émeute : « Le poste du Château d'Eau ne tiendra plus longtemps ; avant une heure, il est probable que les Tuileries seront attaquées : la vie du roi est en danger. » Louis-Philippe se leva de table, la reine le suivit, des ordres de départ furent donnés pour Saint-Cloud, pour Vincennes. Mais on fit observer au roi que cette résolution allait porter la démoralisation dans les rangs de l'armée. Il changea donc d'avis, et, sur la prière de la reine, monta à cheval pour passer la revue des troupes massées sur la place du Carrousel. Les bataillons de la garde nationale qui s'y trouvaient l'accueillirent par les cris de « Vive la Réforme ! », et il rentra au château frappé de découragement. Dans ce moment, le Carrousel était attaqué de tous côtés, la désorganisation se produisait déjà parmi les troupes. Émile de Girardin pénétra dans le cabinet du roi et lui exposa la situation. — Que faire ? dit Louis-Philippe. — Sire, il faut abdiquer. — J'abdiquerai, répondit le roi. Et il s'assit à son bureau pour rédiger l'acte, tandis que de nouveaux ordres étaient donnés pour le départ. Le peuple était maitre de la place du Carrousel ; au moment où les voitures allaient entrer sur la place, le piqueur fut tué d'un coup de fusil. On fit rentrer les équipages. Bientôt les portes des écuries du roi qui occupaient, rue Saint-Thomas du Louvre, l'ancien hôtel de Longueville (sol de la place du Carrousel, entre l'arc-de-triomphe et le monument Gambetta), sont enfoncées, on met le feu aux voitures. Des hommes du peuple accourent en foule vers le lieu de l'incendie, s'attellent aux voitures enflammées, les trainent sur la place du Palais-Royal, d'où les flammes gagnent le sommet du Château d'Eau.

Pendant ce temps, la famille royale quittait le palais, non pas comme le veut la légende répandue par l'estampe populaire, par le souterrain qui s'étend sous la Terrasse du bord de l'eau, mais en prenant l'avenue centrale du jardin. Les voitures commandées pour le départ n'étaient pas au Pont-Tournant. On trouva là deux *broughams* que le duc de Nemours y avait fait conduire à tout hasard, et c'est dans l'un d'eux que montèrent le roi et la reine avec les deux jeunes princes de Cobourg, fils de la princesse Clémentine, et le petit duc d'Alençon, fils du duc de Nemours.

III

Le renversement du Trône

Le poste du Château-d'Eau est en feu. Sur les quais, vers Passy, roule la berline qui emporte le roi fugitif. Une colonne d'insurgés auxquels se sont mêlés des élèves de l'Ecole Polytechnique pénètre dans le palais des Tuileries. Dans quelles embûches va-t-on tomber ? Il y a dans la cour trois mille hommes de troupes et des canons chargés à mitraille. Mais non ! Pas de résistance. Le capitaine Dunoyer et ses hommes peuvent circuler en toute tranquillité dans les appartements abandonnés. Les soldats se sont retirés.

Le peuple envahit alors le palais, va à la découverte de chambre en chambre, et s'amuse de tout le luxe qu'il aperçoit, pensant plus à détruire qu'à piller.

La justice populaire d'ailleurs est sans indulgence pour les gens qui profitent des troubles pour s'approprier le bien d'autrui, et, au coin des rues, plus d'un cadavre en témoigne, au-dessus duquel se balance l'écriteau infâmant : Voleur. Mais s'il est juste, le peuple sait être clément : « Ils ont tué mon frère, il faut que j'en tue un », dit un ouvrier voulant frapper un cavalier, mais un garde national l'arrête : « N'est-ce pas ton frère aussi ? » Une scène bien caractéristique marque la découverte de l'oratoire de Marie-Amélie : tout le monde se découvre et le crucifix est emporté processionnellement à l'église Saint-Roch, pendant qu'un polytechnicien crie à la foule : « Mes amis, saluons le Christ, c'est notre maître à tous ! »

Dans le palais, le peuple continue ses investigations. Un buste de Louis-Philippe se voit affublé d'un bandeau sur les yeux : « Et dire que ça appelle les autres aveugles ! » Dans un coin, un gamin tient un plan de Neuilly : « Que fais-tu là, marquis ? lui lance un loustic. — Eh ! vicomte, j'examine le plan de mes propriétés ! » Dans la salle d'honneur, le Trône attire irrésistiblement les révolutionnaires. Chacun tient à l'escalader à son tour et à fouler aux pieds le symbole du régime déchu. Puis on l'enlève à bras, on le descend dans la cour et on l'emporte dans une promenade triomphale à travers Paris. Du milieu de la foule on voit émerger des sabres, des piques, des baïonnettes au bout desquels sont fichés des lambeaux de pourpre et de brocart ou des victuailles enlevées aux cuisines. A chaque barricade, le cortège s'arrête, et le trône posé sur des pavés sert de tribune improvisée à quelque harangueur populaire. On suit la ligne des boulevards, on parvient à la Bastille ; là, au pied de la colonne de Juillet, se passe le dernier acte. Un bûcher est dressé en hâte, le trône y est jeté et les flammes montent dans le brouhaha des décharges de mousqueterie, des danses, des cris de joie et des roulements de tambour.

*

Pendant ce temps, à la Chambre des députés, paraît la duchesse d'Orléans tenant par la main le comte de Paris. Quelques voix crient : Vive le roi! Vive la régente! Mais en même temps, par la porte opposée entrent Emmanuel Arago et ses amis qui reviennent des bureaux du *National* et parlent hardiment de République. La séance se poursuit orageuse. Marie, Crémieux, Odilon Barrot, La Rochejacquelein prennent successivement la parole. Puis la chambre est envahie par le capitaine Dunoyer et ses hommes qui reviennent des Tuileries. Le président se couvre et déclare la séance suspendue. Ledru-Rollin, l'unique député du parti socialiste, s'adressant à la foule dit : « Au nom du peuple que vous représentez, je vous demande le silence », puis il proteste contre la régence et propose un gouvernement provisoire. Lamartine l'appuie et lit une liste de noms que la foule acclame : Dupont (de l'Eure), Arago, Lamartine, Ledru-Rollin, Crémieux, Marie, Garnier-Pagès, tous députés. Le gouvernement provisoire est constitué. Si Louis-Philippe a remporté la première partie en 1830 en escamotant la République, celle-ci vient de prendre sa revanche en escamotant la Royauté. Constitution de l'an III, charte de 1830, fleurs de lys royales, aigles napoléoniennes, des débris jonchent le sol : sur un roc où se lisent les mots, Liberté, Egalité, Fraternité, le sphynx veille. Quel nouveau régime va être instauré ?

IV

L'aurore de la République

Sitôt constitué, le Gouvernement provisoire se transporta à l'Hôtel-de-Ville que le peuple occupait déjà. Là les élus de la Chambre durent s'adjoindre quatre nouveaux délégués du peuple : Flocon, secrétaire de *la Réforme*, Louis Blanc, auteur de l'*Organisation du travail*, Albert, ouvrier mécanicien, chef de la société secrète des *Saisons*, et Armand Marrast. Ces derniers venus reçurent le titre de secrétaires, qui les différenciaient des députés. Pendant ce temps Etienne Arago s'installait dans la fonction de directeur général des Postes, et Marc Caussidière dans celle de préfet de police.

Au dehors le peuple attendait toujours. La nomination d'un Gouvernement provisoire ne lui suffisait pas. Il craignait d'être joué comme en 1830 et voulait la proclamation de la République. Quelques membres hésitaient à se prononcer, et, en particulier, Lamartine, tout en s'en déclarant partisan, trouvait que nul ne pouvait imposer une forme de gouvernement à la France. A un délégué qui réclamait une décision rapide, il jura « que les membres du Gouvernement provisoire mourraient plutôt que de trahir le peuple qui venait encore une fois de verser son sang pour la sainte cause de la liberté ». Enfin parut la première affiche portant les mots : Gouvernement provisoire de la République française. La République était proclamée.

Alors, en ce printemps de 1848, ce fut une éclosion générale d'enthousiasme. Dans les rues, polytechniciens et ouvriers, gardes nationaux et soldats, passaient en chantant, la main dans la main. Toutes les libertés à la fois : liberté de réunion, liberté de la presse. Plus d'une centaine de journaux politiques à bon marché, vendus au numéro, furent lancés. Le panneau, entre les fenêtres, intitulé : **L'Etalage d'un marchand de journaux,** pourra donner quelque idée de ce mouvement de presse. Les clubs, alors si nombreux, sont représentés par des affiches sur le grand panneau du fond : **Muraille révolutionnaire de 1848,** aussi par plusieurs pièces dans les vitrines, intitulées : **Histoire politique et sociale.** Il vous est loisible de choisir entre les clubs de la *République Nouvelle*, de la *Garde Nationale*, des *Socialistes*, des *Compagnons de tous les devoirs réunis*, de *l'Homme armé*, des *Amis fraternelles* (sic), voire même des *Auvergnats industriels* ou des *Artistes dramatiques*.

Des estampes allégoriques célébraient le régime nouveau, symbolisant la Fraternité, l'Autel de la paix universelle. Le Christ se trouvait souvent mêlé à ces manifestations. Une lithographie associe, par exemple, le Christ figurant la Charité, Robespierre la Foi, et Barbès l'Espérance. Ce n'est plus seulement la République française que l'on fête, c'est la République universelle, démocratique et sociale :

> Peuples formons une sainte alliance
> Et donnons nous la main.

L'étranger, d'ailleurs, ne s'y prête-t-il pas ? Les Suisses habitant Paris se donnent rendez-vous par voie d'affiche à l'Hôtel de Ville « afin d'offrir au Gouvernement de la République Française l'expression de leur vive sympathie ». La Pologne, l'Italie appellent à l'aide, et, bientôt, l'Assemblée Nationale va émettre ces vœux unanimes : « Pacte fraternel avec l'Allemagne. Reconstitution de la Pologne indépendante et libre. Affranchissement de l'Italie ». **(Muraille révolutionnaire.)**

En attendant, Lamartine tient tête au flot populaire qui veut la suppression des trois couleurs et l'adoption du drapeau rouge. Debout sur le perron de l'Hôtel de Ville, il ne se laisse pas émouvoir par les cris et les menaces, par une hache qui oscille un moment audessus de sa tête et proclame que « le drapeau rouge n'a jamais fait que le tour du Champ de Mars, traîné dans le sang du peuple, en 91 et en 93 », tandis que « le drapeau tricolore a fait le tour du monde, avec le nom, la gloire et la liberté de la patrie ».

V

L'Assemblée Nationale et le Quinze Mai

On enterre solennellement les victimes de février et l'on plante dans Paris les arbres de la Liberté.

Cependant se sont posées toutes les questions qu'implique ce simple mot : République. Tiraillé entre le parti des modérés et le parti de la « République démocratique et sociale », le Gouvernement provisoire est impuissant à les résoudre. Sous l'action populaire et sur l'initiative de Louis Blanc, il prend toutefois, le 25 février, une importante décision : « Le Gouvernement de la République Française s'engage à garantir l'existence de l'ouvrier par le travail. Il s'engage à garantir du travail à tous les citoyens. Il reconnaît que les ouvriers doivent s'associer entre eux pour jouir du bénéfice légitime de leur travail ». Et le lendemain, 26, il décrète « l'établissement immédiat d'ateliers nationaux ». Toujours poussé par le peuple, il déclare, le 28, « qu'il est temps de mettre un terme aux longues et iniques souffrances des travailleurs, que la question du travail est d'une importance suprême...., qu'il appartient à la France d'étudier ardemment et de résoudre un problème posé aujourd'hui chez toutes les nations industrielles de l'Europe », et il crée, en place du ministère du Progrès et du Travail demandé par des manifestants, la Commission du Luxembourg pour les travailleurs : Louis Blanc et Albert y vont siéger. (Voir la **Muraille révolutionnaire.**)

Durant que cette Commission essaye de rendre service à la classe ouvrière et que, d'autre part, le Gouvernement provisoire se débat avec les difficultés d'une situation qui l'amène notamment à décréter l'impôt impopulaire des 45 centimes, s'organise, principalement par les soins de Ledru-Rollin, le suffrage universel d'où sort l'Assemblée Nationale. Elus le **23 avril** au scrutin de liste et à la majorité relative, les **900** représentants du peuple se réunissent pour la première fois le 4 mai. Ils siègent dans un local provisoire aménagé dans la cour du Palais-Bourbon, du côté de la place de Bourgogne. C'est une salle affectant la forme d'un parallélogramme : la façade, en planches badigeonnées, est décorée de peintures rudimentaires représentant, sous l'aspect de trois femmes, la Liberté, l'Egalité et la Fraternité : au-dessous, des trophées et la figuration, en grisaille, de l'Agriculture et du Commerce complètent cette ornementation. Là aussi, l'Assemblée législative tiendra ses séances.

Le premier acte de la nouvelle Assemblée Nationale fut de proclamer « la République une et indivisible », puis au Gouvernement provisoire dont le rôle était fini, elle substitua une Commission exécutive de cinq membres : Arago, Garnier-Pagès, Marie, Lamartine, Ledru-

Rollin. Modérée dans son ensemble, l'Assemblée s'éloignait visiblement de la voie « démocratique et sociale » que Louis Blanc avait tracée à la République. Aussi des mécontentements se faisaient-ils jour dans la classe ouvrière et dans l'opinion avancée. De là à ce qu'ils se manifestassent dans la rue, il n'y avait qu'un pas. La fête dite de la Concorde, fixée au 14 mai, soulevait peu d'enthousiasme, bien qu'on eût employé les ouvriers des ateliers nationaux à modifier, pour cette circonstance et par d'importants travaux de terrassement, la physionomie du Champ de Mars. On dut renvoyer cette fête au 21 mai (Voir vitrine des **Cérémonies et Fêtes**).

Le lundi 15, la question de la Pologne fut le prétexte d'une grande manifestation. On devait se réunir « à dix heures du matin, autour du monument de la Bastille », puis effectuer une « marche grave et solennelle. Point de tambours, point de musique, point d'armes, point d'autres cris que ceux de : Vive la République! Vive la Pologne! » La colonne suivit les boulevards jusqu'à la Madeleine, grossie considérablement en chemin, car elle « arriva, forte de quinze à vingt mille hommes, à la place de la Concorde. A la hauteur de la Madeleine, elle avait vu venir à elle le général Courtais (commandant la Garde nationale de Paris) qui avait échangé des poignées de mains avec les chefs placés en tête, puis, tournant bride, avait marché devant eux, se dirigeant vers le Palais de l'Assemblée qui fut envahi. « A la suite d'un grande tumulte dans le couloir des tribunes publiques, on vit s'ouvrir les portes des tribunes du fond de la salle et paraître des hommes portant des drapeaux de clubs et mêlant au cri de : Vive la Pologne! des cris sauvages. » Des tribunes, les manifestants descendent dans l'enceinte de l'Assemblée. « Les représentants demeurent calmes et impassibles sur leurs bancs ». « Quelques secondes après, les portes placées des deux côtés du bureau du président s'ébranlent... et livrent passage à deux autres flots... en tête desquels se trouvent Blanqui, Raspail, Huber, Flotte... ». Une grande bousculade se produit du côté de la tribune. Barbès, Raspail, Blanqui, Louis Blanc, d'autres encore, parlent au milieu d'un tumulte intense, et ces paroles de Huber retentissent : « Au nom du peuple, je déclare l'Assemblée nationale dissoute ». Le Président sort et les membres de l'Assemblée le suivent, cependant que, comme en février, les révolutionnaires proclament un double gouvernement : l'un à l'Assemblée et l'autre à l'Hôtel-de-Ville qu'ils ont également envahi. Mais la résistance aussitôt s'organise. « L'Assemblée nationale n'est pas dissoute (s'écrie en une proclamation, le maire de Paris, Marrast). Le Président, cédant au tumulte, a déclaré la séance levée. Les braves citoyens de Paris sont appelés à maintenir le respect dû à l'Assemblée Nationale, produit du Suffrage universel. Attaquer l'Assemblée Nationale, c'est attaquer la République conquise en février et proclamée par l'Assemblée. Vive l'Assemblée Nationale! Vive la République. » La garde nationale et la garde mobile repoussent partout l'émeute qui s'éteint mais revit dans la grande composition de François Bonhomme escortée, à l'Exposition, d'études et de dessins préparatoires à cette œuvre. Un mouchoir, où sont figurés les « accusés de mai » avec l'indication du jugement dont ils furent l'objet, constitue le souvenir final de cette journée révolutionnaire.

VI, VII et VIII

Les Journées de Juin

La journée du 15 mai ne pouvait qu'engager davantage l'Assemblée Nationale dans une voie opposée à celle qui conduisait à la réforme sociale et ouvrière demandée par l'opinion avancée. Un mois s'est écoulé ; les ateliers nationaux vont être dissous ; les ouvriers célibataires de 17 à 25 ans vont être par force enrôlés dans l'armée. Une explosion de colère répondit à ces mesures, et, le 22 juin, le mouvement révolutionnaire se dessina nettement. En même temps, la Commission exécutive donnait l'ordre au général Cavaignac, ministre de la Guerre, d'arrêter la tentative insurrectionnelle. Mais le général, comprenant qu'il ne s'agissait pas d'un coup de main facile, mais d'une véritable révolution qu'il fallait vaincre, s'occupa tout d'abord de rassembler toute l'armée sous sa main, laissant les barricades s'élever sans opposition dans la matinée et même dans la journée du 23. Ce ne fut que dans la soirée que les troupes commencèrent à apparaître.

Libre de se propager pendant la journée, l'insurrection avait rapidement gagné une moitié de Paris et s'étendait en demi-cercle (Voir le *Plan des barricades de juin 1848*, panneau VIII) depuis le clos Saint-Lazare sur la rive droite, jusqu'au Panthéon sur la rive gauche. Son centre paraissait être la place de la Bastille et son but de converger sur l'Hôtel-de-Ville. Le lendemain 24, le combat succéda aux escarmouches, avec acharnement, avec furie ; la nouvelle garde mobile montra une grande bravoure, follement audacieuse ; plus tard, on appellera les jeunes gens qui la composaient « bouchers de Cavaignac », car, en effet, c'est au général que la Commission exécutive vient de déléguer tous les pouvoirs.

Dans la matinée du 25, le combat se continua avec une rare énergie. C'est ce jour là que fut assassiné le général Bréa, proche la barrière de Fontainebleau, dans un restaurant : le *Grand Salon*, dont le numéro 80 de l'avenue d'Italie marque l'emplacement. C'est encore ce jour-là que tomba le général Négrier à la barricade du Faubourg Saint-Antoine. Il venait d'être tué quand, à cette même barricade, se présenta, l'archevêque de Paris, Denis-Auguste Affre. Il arrivait de l'hôtel de Matignon, rue de Varennes, 53, où il était allé offrir au

général Cavaignac de mettre au service du Gouvernement
de la République son dévouement et celui de son clergé :
— « Vous vous exposez, monseigneur, lui dit le général
— Qu'importe, si ma vie peut être utile ! » avait répondu
le prélat. Et il était parti. Lorsqu'il eut atteint la place
de la Bastille, l'archevêque demanda au colonel qui
remplaçait le général Négrier d'interrompre le feu ; et
presque simultanément, le feu cessa des deux côtés.
Alors, l'archevêque passant par la boutique d'un marchand de vin qui existe encore, rue de Charenton, n° 2,
s'avança vers la barricade, mais des coups de feu se
firent de nouveau entendre, et il tomba, frappé d'une
balle qui lui brisa les reins, dans les bras de son
domestique. Il était huit heures et demie du soir. On
le transporta d'abord à la cure de l'Église Sainte-
Marguerite, puis de là à l'archevêché, alors installée
rue Saint Louis en l'Ile, n° 51, dans l'ancien hôtel
Chenizeau. Pendant la trajet, il fut escorté par des
gardes mobiles ; l'un deux, François Delavrignière
attira son attention, il le fit approcher de lui et lui
donna une petite croix de bois suspendue à un collier
noir. Le 27, il expira.

Pendant la journée du 26, le combat se continua,
furieux, désespéré, au faubourg Saint-Antoine, tandis
que l'on entendait encore quelques coups de fusil dans
la direction éloignée de La Villette et de Belleville : les
défenseurs du clos Saint Lazare n'existaient plus. Enfin,
vers dix heures et demie, les généraux Bedeau et Lamoricière attaquèrent avec la plus résolue vigueur les barricades du Faubourg Saint-Antoine, et, à une heure et
demie, le vice-président de l'Assemblée Nationale, Se-
nart, monta à la tribune et prononça la parole attendue,
depuis quatre jours, avec tant d'angoisse : Tout est fini.

Ce sont les divers épisodes de ces journées que l'on a
groupés dans le VI° panneau : lithographies de F. Lehner
(*Prise de la barricade de Ménilmontant*) : de Marchais
(*Prise de la barricade de la rue du Petit-Pont*) : d'Eugène
Cicéri (*la rue Saint-Antoine*) : d'E. de Beaumont (*la rue
de Charenton*), etc., etc., accompagnées d'un placard du
temps contenant la liste des barricades et le numérotage
des maisons devant lesquelles elles se trouvaient.

Dans le VII° panneau, on a réuni principalement les
scènes se rapportant à la mort de l'archevêque, une image
populaire de l'assassinat du général Bréa ; une gravure
de Chatel et Reiste : *Aux victimes des journées de juin* ; une
lithographie : *Cérémonie funèbre en l'honneur des victimes
des journées des 23, 24, 25 et 26 juin*, d'après un dessin
de Jules Gaildreau et Ch. Fichot ; enfin une lithographie
bien caractéristique de l'époque : *le père Éternel recevant les victimes de juin*.

Une vitrine de la série **Histoire politique et sociale**
contient d'autres souvenirs de ces événements : le
« procès-verbal de l'embaumement du corps et de l'exa-
men médico-légal de la blessure de… Mgr Denis-Auguste
Affre », un crayon figurant le « général Duvivier d'après
le masque moulé sur nature au Val de Grâce », un

album d'aquarelles d'Eugène Lacoste sur les journées de juin, etc.

Dans le panneau VIII, on a présenté les « milices révolutionnaires », dessinées d'après nature par Foussereau et lithographiées par Charpentier, le garde national de H. Monnier, le plan des barricades des journées de juin et deux plans qui furent dressés postérieurement à une alarme aussi chaude, afin que chacune des légions de la garde nationale connût les points où elle aurait à se masser et les postes qu'elle aurait à occuper en cas d'alerte.

Ce panneau est suivi de la **Muraille révolutionnaire de 1848**, qui forme un essai de reconstitution, par l'affiche, du mouvement d'idées qui a abouti aux barricades de juin.

IX

Louis-Napoléon

« En présence de Dieu et au nom du peuple français, l'Assemblée proclame : La France s'est constituée en République… La République française est démocratique… »

Le 12 novembre 1848 a lieu sur la place de la Concorde la promulgation de la Constitution que vient d'élaborer l'Assemblée nationale. Aux termes de cette Constitution, le pouvoir exécutif doit être confié à un citoyen qui recevra le titre de Président de la République. Ce président, ce n'est pas l'Assemblée qui va le choisir ; conformément au principe démocratique du nouveau régime, c'est le suffrage universel qui va décider.

Les candidats sont au nombre de quatre : Lamartine, Ledru-Rollin, Cavaignac et Louis-Napoléon. Ce dernier, revenu d'Angleterre dès le 25 février, aux premiers bruits de la Révolution, a été nommé député aux élections complémentaires de juin par la seule popularité de son nom : c'est un compétiteur dangereux. Qui va l'emporter dans ce nouveau jeu de bagues ? — « le gagnant aura droit à un superbe fauteuil » — est-ce le poète au front lauré, le tribun aux cheveux flottants, le soldat aux traits sévères ou l'ombre du Petit Caporal ? Les biographies populaires, les manifestes, les bulletins de vote inondent la France (Panneau entre les fenêtres : **La Campagne présidentielle**). Les journaux sont partagés : les uns sont atteints de Napoléomanie, les autres de Cavaignacomanie, d'autres encore de Camphromanie, comprenez qu'ils soutiennent Ledru-Rollin, ami de Raspail, l'apôtre du camphre et l'ennemi des microbes. Lamartine n'a qu'un partisan, le *Courrier français* : « Bon courrier, tu n'arriveras pas ». En effet, le Courrier n'est pas arrivé. Aux élections du 10 décembre, Lamartine n'a que 7.910 voix. Devant lui, Ledru-Rollin en recueille 370.000, Cavaignac 1.498.000 et Louis-Napoléon, bénéficiant de son illustre patronyme, est élu par 5.434.226 voix.

Le nouveau président passe de l'hôtel du Rhin, place Vendôme, à l'Élysée. Fort de son énorme majorité, il s'entoure de bonapartistes avérés. Ses moindres paroles sont significatives. À la première revue qu'il passe aux Invalides (29 décembre 1848) il va droit au vieux général Petit et lui dit devant toutes les troupes : « Général, l'Empereur vous a embrassé lorsqu'il a passé sa dernière revue, je suis heureux de vous presser la main lorsque je passe ma première ». Bientôt commence une lutte sourde contre les idées républicaines. Les emblèmes révolutionnaires, arbres de liberté et bonnets phrygiens sont détruits. On déracine un arbre de la Liberté en plein boulevard, devant le café Tortoni.

L'Assemblée constituante en majorité républicaine, assiste impuissante et même est forcée de se retirer, sa mission terminée. L'Assemblée législative qui la remplace (28 mai 1849) est loin de présenter la même proportion des partis. Les « rouges » y sont en petit nombre, 250 à peine, contre les 500 membres de la coalition monarchiste, catholique et bonapartiste.

Cependant l'extrême gauche, la Montagne, comme elle s'appelle elle-même, ne se décourage pas, et Ledru-Rollin, qui en est l'âme, profite de la première occasion pour organiser une manifestation contre le pouvoir exécutif. Le 13 juin 1849, il convoque les gardes nationaux à la mairie du 5ᵉ arrondissement pour se rendre en masse, sans armes à l'Assemblée. Partis du Château d'Eau, 6.000 hommes s'avancent conduits par Etienne Arago, en uniforme de chef de bataillon de la garde nationale. La colonne suit les boulevards sans rencontrer d'opposition, mais à la rue de la Paix, elle se heurte aux troupes commandées par le général Changarnier et aux premières sommations se disloque. Des artilleurs de la garde se réunissent alors et se rendent au Conservatoire des Arts-et-Métiers qui, pour l'insurrection, est le centre naturel de réunion et de défense. Plusieurs représentants, entre autres Ledru-Rollin, Boichot, Rattier, Gambon, marchent à leur tête. Mais ils ne sont pas suivis. On attend les masses insurrectionnelles, on attend le peuple; rien ne parait. Représentants, artilleurs, insurgés, cernés dans les bâtiments, moins vastes qu'aujourd'hui, du Conservatoire, s'enfuient à l'apparition des soldats de la ligne. Ils passent d'une salle dans une autre et, traqués de pièce en pièce, parviennent à sortir par derrière, rue Vaucanson. Ledru-Rollin doit sauter par un vasistas pour pouvoir s'échapper. A son tour il se réfugie en Angleterre, où naguère encore se cachait son adversaire politique et concurrent heureux. C'est la déroute pour le parti de la Montagne. L'Assemblée en profite pour le désorganiser complètement, met 33 représentants en accusation et déclare l'état de siège. C'est « la dictature parlementaire » comme le dit Dufaure. Demain ce sera le Coup d'Etat.

X

Le Coup d'État

Le mardi 2 décembre 1851, au point du jour, les Parisiens purent lire l'affiche publiant le décret du Président de la République qui prononçait la dissolution de l'Assemblée nationale et la mise en état de siège de Paris. En même temps, on apprenait l'arrestation d'un certain nombre de représentants du peuple : le général Cavaignac, Thiers, Greppo, Charras, Changarnier, Le Flô, d'autres encore. Ils avaient été conduits à Mazas, prison alors inachevée et aujourd'hui démolie.

Vers huit heures, la salle de l'Assemblée nationale, cette « salle de carton » qui s'élevait du côté de la place de Bourgogne, avait été investie et les représentants chassés. Quelques-uns, arrêtés, avaient été conduits au poste du ministère des affaires étrangères, plus tard à la caserne d'Orsay, que remplace le nouvel embarcadère du chemin de fer d'Orléans. Expulsés, dans la rue, les représentants se rallièrent, voulurent choisir un lieu de réunion, établir un centre de résistance ; enfin, ils se dirigèrent vers la mairie de l'ancien X^e arrondissement, dont il reste des vestiges rue de Grenelle, 11. C'est là que l'Assemblée nationale tint sa dernière séance régulière et vota, sur la proposition de Berryer, la déchéance du Président de la République. Bientôt, des agents, appuyés d'un détachement de chasseurs de Vincennes, envahirent la mairie, et les députés furent placés dans un carré de soldats et conduits, au milieu d'une foule curieuse mais indifférente, à cette même caserne d'Orsay, puis, à la nuit, dirigés sur le Mont Valérien, Mazas ou Vincennes. Vers midi, le prince-président sortit de l'Élysée pour aller passer la revue générale des troupes sous les armes, qui, à onze heures du soir, étaient toutes rentrées dans leurs casernements.

Cependant, les sociétés secrètes, assemblées en permanence, délibéraient sur les conditions, les lieux et l'heure de la prise d'armes du lendemain, résolue par un certain nombre de députés de la Montagne, qui se groupaient pour ainsi dire autour de Victor Hugo. Dans la ville, on commençait à avoir quelques inquiétudes sur la suite que pouvaient amener les événements qui venaient de s'accomplir. Dès le matin du 3 décembre, une douzaine de représentants de la Montagne qui s'étaient réunis à la salle Roysin, rue du Faubourg-St-Antoine, en face de la rue Sainte-Marguerite, se mirent à parcourir le faubourg, essayant d'appeler le peuple aux armes ; mais celui-ci demeura sourd aux exhortations ; l'indifférence se peignait sur les visages. « Vous croyez donc, dit une femme, que nos hommes vont aller se faire tuer pour vous conserver vos vingt-cinq francs par jour ! » Alors Baudin :

« Attendez un peu, et vous verrez comment on meurt pour vingt-cinq francs ». Cette réponse produisit un certain effet sur les ouvriers qui se trouvaient là ; trois ou quatre voitures de maraîchers passaient en ce moment au coin de la rue Sainte-Marguerite. En un instant elles furent arrêtées : on dételа les chevaux ; un omnibus traîné à bras parut ; bientôt une barricade commença à s'élever. Quelques instants après, le général Marulaz, prévenu qu'une sorte de résistance s'organisait sur ce point, envoya plusieurs compagnies sous les ordres d'un chef de bataillon. Derrière la barricade se tenaient 200 à 300 hommes armés d'une vingtaine de fusils qui avaient été enlevés à un poste, car le faubourg avait été désarmé en juin 1848. Ce fut alors que Baudin escalada la barricade et s'y maintint enveloppé dans un drapeau, tandis que plusieurs autres représentants s'avançaient vers les soldats pour les engager à se joindre à eux. Soudain, un coup de fusil partit de la barricade ou d'une fenêtre, la troupe riposta par une décharge générale. Baudin tomba mort : ceci se passait devant la maison qui porte le n° 151 de la rue du Faubourg-St-Antoine.

Repoussés et dépostés successivement de toutes les barricades qui s'étaient élevées aux environs de la Porte St-Denis, rue St-Martin et rue de Rambuteau, les organisateurs de la résistance essayèrent inutilement d'attirer dans la lutte les faubourgs Saint-Jacques et Saint-Marcel ; puis, le jeudi 4, l'insurrection tenta un suprême effort sur les boulevards, dans le quartier St-Martin. C'est ce jour-là qu'eut lieu la canonnade du boulevard Poissonnière, hachant les devantures des maisons, bombardant l'ancien hôtel Montholon, où était établi le Dépôt des tapis d'Aubusson, de la maison Sallandrouze (n° 23), l'hôtel Saint-Phar et l'immeuble où devait s'installer le fameux restaurant Brébant (n° 32) ; sur le boulevard des Italiens, *Tortoni*, le café-glacier dont le perron est demeuré légendaire, fut pris d'assaut, le *Bazar de l'Industrie*, dont l'emplacement a été absorbé par le Crédit lyonnais, fut criblé d'obus, et la *Maison d'Or*, depuis peu occupée par un bureau de l'Administration des Postes, mitraillée. L'action commencée à deux heures, était terminée vers cinq heures. L'armée comptait 26 tués, les républicains 175, dont Denys Dussoubs, frère du député, qui trouva la mort rue Montorgueil, au débouché de la rue Mauconseil, alors qu'il s'avançait pour haranguer la troupe.

Le prince-président avait triomphé et le ministre de la Guerre pouvait télégraphier aux généraux cette dépêche : « Toute insurrection armée a cessé dans Paris, par une répression rigoureuse. La même énergie aura le même effet partout. Des bandes qui apportent le pillage, le viol et l'incendie, se mettent hors des lois ; avec elles, on ne parlemente pas, on ne fait pas de sommation ; on les attaque ; on les disperse. Tout ce qui résiste doit être fusillé, au nom de la Société en légitime défense. »

XI

LE CADRE TOPOGRAPHIQUE

Le voyageur, qui s'en tient à l'antique diligence pour venir à Paris en 1848, ne connaît tout d'abord de la grande ville que le mur d'octroi et les barrières édifiées par Ledoux. Peu de Parisiens peuvent se vanter d'avoir fait pédestrement le tour de cette enceinte et l'écrivain Charles de Forster, qui l'a tenté, se montre plus fatigué par les vingt-huit kilomètres que ravi par la beauté du voyage. « Figurez-vous, dit-il, un mur d'octroi de douze pieds de haut environ d'un côte, une rangée d'arbres de l'autre, au milieu une route mal pavée, bordée par des fossés... Les barrières de Paris sont au nombre de quarante-huit, distancées irrégulièrement autour de la ville. A l'entrée de chacune se trouvent deux édifices lourdement bâtis, qui servent à abriter les bureaux d'une part et, de l'autre, les préposes de l'octroi. » Les barrières Blanche et Monceaux, que montre l'Exposition, donnent une idée de ce que sont les autres, qui subsistent encore en partie à la place de la Nation, à Bercy, à la place d'Enfer et à la Villette.

Mais déjà les provinciaux et les étrangers sortent en foule des débarcadères nouvellement construits pour les chemins de fer, par suite de la loi du 11 juin 1842 ; c'est l'*embarcadère de Paris* (gare Saint-Lazare), le plus fréquenté de tous, reconstruit en 1843 ; l'*embarcadère de l'Ouest* (gare Montparnasse), achevé en 1852 et destiné à remplacer la gare modeste, située à l'angle de l'avenue du Maine et du boulevard des Fourneaux (de Vaugirard) ; le *débarcadère de la gare du Nord*, construit pour l'inauguration de la ligne Paris-Creil, en 1846 ; celui de la *gare de Lyon*, d'où part, dès 1849, la ligne Paris-Tonnerre ; enfin l'*embarcadère de Paris-Orléans* agrandi et transformé par la suite.

Tandis que Paris reçoit des visiteurs de plus en plus nombreux, attirés par le bon marché et la rapidité des communications, les Parisiens commencent leur exode annuel vers la mer. « On va maintenant de Paris au Havre en sept heures et l'administration de cette ligne a même organisé, pendant l'été, des départs spéciaux dits *trains de plaisir*, partant de Paris chaque samedi soir et ramenant les voyageurs le dimanche à la nuit. »

Malgré ces progrès rapides, il est intéressant de comparer, avec les indicateurs de chemins de fer dont nous nous servons aujourd'hui, celui de 1849, imprimé sur une simple feuille et paraissant le dimanche.

Au voyageur qui vient d'arriver à Paris, la grande ville s'ouvre hospitalière. Une précieuse suite de panoramas la montre telle qu'elle s'offrait aux yeux, en 1848. Particulièrement attrayantes sont la ligne des Champs-Elysées, puis celle des grands boulevards.

Les Champs-Elysées sont la promenade favorite des

élégants ; dominés par la masse de l'Arc de Triomphe, inauguré en 1836, ils ouvrent à la foule leurs massifs ombreux et leurs parterres fleuris; au carré Marigny, les badauds assistent aux parades foraines ou prennent d'assaut les balançoires circulaires. les guinguettes de bas étage ont disparu, remplacées par des bals à la mode ; le Cirque olympique d'été, édifice pouvant contenir trois mille spectateurs, fait pendant au Panorama qui occupe le centre du Carré des jeux; plusieurs fontaines donnent de la fraicheur à ce vaste emplacement, où se presse le peuple, au jour des fêtes nationales. « Quelle foule ! quel bruit! que de poussière! Toute la longueur de cette promenade se transforme en un caravansérail de nouvelle espèce: le plus petit morceau de terrain est occupé, soit par une cuisine en plein vent, soit par une boutique, soit par une baraque de curiosités... »

Plus loin, c'est la trouée ensoleillée de la place de la Concorde, où se dressent, depuis quelques années, l'obélisque de Louqsor et les statues des villes, édifiées sur les piédestaux massifs qui dessinent le pourtour de la place.

Au bout de la rue Royale, s'élève la Madeleine, livrée au culte en 1842; de là part la grande artère des boulevards dont Balzac dit : « Ses trois mille boutiques scintillent, et le grand poème de l'étalage chante ses strophes de couleur depuis la Madeleine jusqu'à la porte Saint-Denis. Artistes sans le savoir, les passants vous jouent le chœur de la tragédie antique : ils rient, ils aiment, ils pleurent, ils sourient, ils songent creux!... »

Tout y attire le promeneur : les cafés aux terrasses bruyantes; les élégantes qui se pressent au perron de Tortoni pour aller déguster leur coupe à la merise ou leur glace à l'ananas; les passages des Panoramas, de l'Opéra, Choiseul, encombrés de visiteurs; les Bains chinois, avec leur toit pagode ; les restaurants somptueux et la boutique démocratique du marchand de galette du Gymnase; les théâtres du boulevard du Crime et la foule des petits marchands, crieurs de bonbons et rafraichissements, fabricants de pommades et d'élixir, vendeurs de statuettes en plâtre.

L'introduction du système Mac Adam pour le pavage des boulevards donna naissance à de nombreuses caricatures. Cham montre les Parisiens aveugles par la poussière et propose d'ériger sur le boulevard des Italiens une statue, avec cette inscription : « A Macadam, les oculistes et les marchands de lunettes reconnaissants ! ». D'autres représentent les promeneurs juchés sur des échasses et parcourant ainsi les marécages et les fondrières, cependant que les décrotteurs nagent dans la boue et dans la joie et que nos pavés, devenus inutiles, prennent le chemin de l'Angleterre.

La Seine et ses bords sollicitent à leur tour la flânerie parisienne. Du *Pont National* (ou Royal) vous voyez le fleuve avec les établissements de bains, les bateaux, le mouvement du Port Saint-Nicolas, les quais verdoyants

ou animés, la majes é du Louvre, tandis qu'au nord de
ce dernier monument la rue de Rivoli, percée au
commencement du siècle, jusqu'à la place du Théâtre
Français, appelle son prolongement vers l'Est. A ce prolongement peut se rattacher le dégagement de la place
du Carrousel, que des eaux-fortes de Martial datées de
1849 montrent obstruée de maisons : ce sont des échop-
pes diverses, des murailles lépreuses et couvertes d'annonces, des estaminets, sans oublier l'*hôtel de Nantes*,
d'où partent les correspondances pour les diverses
lignes de chemin de fer. Dès 1850, la pioche des démo-
lisseurs fait rage et, tandis que les gravats s'amoncel-
lent, des palissades surgissent, derrière lesquelles des
tailleurs de pierre travaillent à l'achèvement du
Louvre, nommé *Palais du Peuple*, par un décret du 24
mars 1848, concernant aussi la rue de Rivoli. Puis, c'est
le dégagement de la place du *Palais-National* (Palais-
Royal, où s'élevait, du côté des magasins actuels du Louvre
un château d'eau. Sur cette place passent *les Batignol-
laises*, voitures à six sous conduisant des Batignolles au
Cloître Saint-Honoré et correspondant avec les Tryci-
cles (*sic*), les Gazelles et les Hirondelles. Des construc-
tions s'élèvent en 1850, dans la cour du Palais, pour
abriter une exposition. Tous les jours retentit le cri
mélancolique des gardiens « On ferme ! » et la foule se
répand en sortant dans les galeries, surtout dans celle
d'Orléans, qui est la plus animée. « On y admire une
double ligne de boutiques, dont le gaz fait étinceler les
dorures et flamboyer les glaces... Ce charmant abri, où
se donnent habituellement rendez-vous les provinciaux
et les étrangers, est très fréquenté pendant le jour par
les artistes appartenant aux théâtres du voisinage ». Le
soir, il est envahi par les dîneurs de Véfour, les clients
du café du Sauvage ou les spectateurs de Séraphin.
« C'est dans le péristyle Montpensier que se trouve la
librairie des frères Garnier, les éditeurs intrépides des
brochures pamphlétiques... » La foule se réunit « devant
leur étalage, pour se procurer quelque nouvel ouvrage
de Proudhon, quelque pamphlet d'un Chenu ou autre,
et donner ainsi à cette extrémité de la Galerie vitrée,
une apparence émeutière. »

Saint-Germain-l'Auxerrois étale son charme gothique,
non loin de l'hôtel de Schomberg, qu'au coin des rues
Bailleul et Jean-Tison on abat. Au bout de la place
des Trois-Maries, le Pont-Neuf dresse ses boutiques
massives où somnole quelque vieille marchande de saucisses et de pommes frites. Voici maintenant, repré-
sentées par de très rares photographies, la fontaine du
Palmier au centre de la place du Châtelet, la tour Saint-
Jacques que l'on commence à dégager : sur les décom-
bres, au pied de la tour, des forains ont installé leurs
roulottes et leurs petits étalages et, pour la première
fois depuis des siècles, les rues Saint-Martin, de la
Vannerie, de la Vieille-Truanderie s'emplissent de so-
leil. Ce n'est que l'amorce de travaux plus considérables,
puisqu'un square doit parer la tour gothique, reliée en

1855 à l'Hôtel de Ville par le percement de l'Avenue Victoria. D'autres photographies non moins précieuses, des pièces diverses, évoquent l'Hôtel de Ville et ses abords.

On y remarque notamment le pont de la Réforme ou Louis-Philippe, qui relie la Cité et l'île Saint-Louis à la rive droite. Des rires et des chants montent des bateaux-lavoirs ; les chalands abordent au Mail et l'air s'emplit du parfum des reinettes : les *Parisiens*, bateaux à vapeur de Paris à Montereau, stationnent au quai de Grève ; les maisons du quai de Gèvres et du quai Pelletier ont la physionomie fanée des aieules : le quai aux Fleurs a revêtu sa parure multicolore et la Pompe-Notre-Dame s'élève sur ses vieux ais de bois. A côté, la place de l'Hôtel de Ville laisse voir le Café de la Ville, le Café du Gaz, l'agence de Remplacement militaire, des cabarets aux enseignes en fer forgé, le restaurant de la Garde nationale avec sa tourelle, rivale de celle de l'hôtel meublé, rue du Coq-Saint-Jean, et de celle de la rue de la Tixeranderie. Ce sont là vieux souvenirs qui vont disparaître dans le prolongement de la rue de Rivoli et le dégagement de la façade orientale de l'Hôtel de Ville.

Si, de là, on se dirige vers la Bastille, on aperçoit, à l'angle de la rue Saint-Antoine et de la rue des Balets, deux maisons à pignon qui semblent les gardiennes décrépites de la Force ; elles sont condamnées, comme la sordide prison aux voûtes suintantes et aux fenêtres garnies de barreaux rouillés. Le fantassin qui heurte les pavés de sa crosse, montera bientôt d'autres factions à la prison Mazas, destinée à remplacer la précédente.

A cette époque aussi se rattache le commencement du dégagement de Saint-Eustache, qui nous apparaît avec le marché des Prouvaires, dans le voisinage de la fontaine des Innocents, aux pieds de laquelle, la nuit, s'endort la marchande de fraises.

Prenant son bras pour oreiller.

Sur la rive gauche, le Panthéon, cœur de la vie révolutionnaire du quartier latin, voit ses abords modifiés par la construction de la bibliothèque Sainte-Geneviève et du collège Sainte-Barbe. Des amorces de voies nouvelles dans ces parages, l'édification de la mairie de la place Saint-Sulpice constituent d'autres œuvres édilitaires. Mais on respecte encore, sur le quai des Grands-Augustins, le marché de la Vallée, si pittoresque, avec l'encombrement des charrettes, les cris des paysans et des revendeurs et l'étalage des volailles ; c'est là qu'en 1850 on inaugure solennellement un buste du prince-président, parmi un grand concours de peuple, aux sons d'une musique militaire et avec un cortège de fillettes couronnées de fleurs.

LA VIE DE PARIS

XII

Les Vésuviennes

Robe rouge, tablier bleu, cravate tricolore, bonnet phrygien, tel est le premier costume républicain de 1848 qui ait été vu à Paris. La citoyenne qui se présenta ainsi vêtue au café de l'Europe, rue du Temple, fut longuement acclamée. Mais la robe était encore trop féminine. Ce qu'il fallait aux plus ardentes, c'était l'uniforme du troupier, le fusil et le shako.

Sitôt qu'on entendit parler d'un bataillon de femmes, les dessinateurs s'ingénièrent à leur trouver un costume. Janet les gratifia d'une jupe courte rappelant celle des highlanders, Beaumont leur octroya la culotte bouffante, coupée à la hauteur du mollet. Le képi crânement posé sur l'oreille, le fusil en bandoulière, il faut les voir demander du feu au « camarade », faire un pied de nez au mari qui reste à la maison, trois enfants sur les bras et... pas de biberon, interpeller les amies encore hésitantes : — Eh bien! pékines! Qu'est-ce que vous attendez pour vous enrôler dans mon régiment! »

Ce bataillon fameux, qui amusa beaucoup les Parisiens, devait porter le nom de légion vésuvienne. En guise de devise, on lisait sur son enseigne ces mots en lettres d'or : Emancipation de la femme. Sur le nom de Vésuvienne, quelques mauvais plaisants avaient prétendu que la légion se proposait d'aller ressusciter les idées libérales en Italie, d'autres conjecturaient que la légion était formée uniquement de modèles d'ateliers et d'apprenties artistes dramatiques, mais dans un premier-Paris qui fit sensation, Eugénie Niboyet, directrice de *La Voix des femmes*, journal quotidien, socialiste et politique, organe des intérêts de toutes, fixa l'opinion : « Vésuvienne, dit-elle, cela signifie que chacune des contractantes a au fond du cœur tout un volcan de feux et d'ardeurs révolutionnaires ». Or, la légion devait se composer de deux mille femmes! Deux mille femmes! Deux mille volcans! Comme le fit remarquer un chroniqueur facétieux, il y avait de quoi incendier toute la terre.

Cependant, les plaisanteries ne décourageaient pas les vaillantes féministes. Eugénie Niboyet convoquait ses « sœurs » dans les salles basses du bazar Bonne-Nouvelle ou dans la salle Taranne et les hommes n'étaient admis que sur carte nominative. Gare au mauvais plaisant qui se déguisait en femme pour entrer. Pauline Roland, disciple de Pierre Leroux, s'occupait d'associations fraternelles et du groupement des travailleurs. Quant à Jeanne Deroin, elle se faisait emprisonner pour la bonne cause, ou courait les mairies habillée en homme pour tâcher de se faire inscrire, sous un faux nom, sur les listes électorales.

XIII

La Poste

En 1848, le service postal faillit être interrompu dans Paris durant les journées de février.

Au nom du gouvernement provisoire, Étienne Arago, s'improvisa directeur général des postes. Sur son ordre, les voitures transportant les facteurs furent accompagnées par un commissaire spécial chargé d'assurer le libre passage à travers les barricades.

En avril le nombre des imprimés, lettres et journaux de toute sorte ayant augmenté dans des proportions considérables à l'occasion des élections, l'Administration dut prier le public de ne pas attendre au dernier moment pour déposer sa correspondance.

Comme les années précédentes, les lettres étaient taxées suivant une progression établie d'après la distance parcourue. On inscrivait sur le pli le chiffre représentant la taxe. Si l'expéditeur réglait l'affranchissement, au départ, le prix était indiqué au verso de la lettre. Si le destinataire devait payer l'affranchissement la marque figurait du coté de la suscription.

Par un décret en date du 24 août 1848, l'Assemblée nationale supprima cette taxe progressive et la remplaça par une taxe fixe et uniforme de 20 centimes pour toute lettre n'excédant pas 7 grammes 1 2, circulant dans la France, la Corse et l'Algérie. La perception de cette nouvelle taxe, qui progressait en raison du poids, devait être effectuée à l'aide de timbres mobiles, dits timbres-poste, que l'on achetait dans les bureaux et aux facteurs et que l'on collait dans l'angle droit de l'enveloppe, à l'instar de ce qui se faisait déjà en Angleterre depuis 1840.

C'est à dater du 1ᵉʳ janvier 1849 que le nouveau système fut appliqué. Successivement furent émis le timbre noir de 20 centimes (1ᵉʳ janvier 1849, retiré le 30 octobre 1850), les timbres rouge de 1 franc (1ᵉʳ août 1849), orange de 40 centimes (1ᵉʳ décembre 1849), bleu de 25 centimes (1ᵉʳ juillet 1850), vert de 15 centimes (23 juillet 1850), bistre de 10 centimes (12 septembre 1850), à l'effigie de la République, puis deux nouveaux types bleu et bistre à l'effigie du prince président (12 août et décembre 1852).

XIV

Le Congrès de la Paix

« Ayant terminé leurs travaux et ayant par trois journées de discours définitivement assuré la paix du monde, les membres du Congrès de la salle Sainte-

Cécile se décident à faire une promenade triomphale mais pacifique dans les rues de Paris », et Daumier, avec sa verve habituelle, nous montre le président du Congrès, Victor Hugo, et ses deux assesseurs, bras dessus, bras dessous, cambrant la taille, tendant la jambe, des palmes à la main, suivis de tous leurs collègues au pas de parade.

Ce Congrès de la paix, qui provoquait les railleries des chroniqueurs et des caricaturistes, avait pourtant attiré à Paris un grand concours d'étrangers. Des Anglais, des Allemands, des Italiens, des Espagnols étaient venus, et l'étrangeté de leur toilette signalait tout particulièrement à l'attention nombre de quakers et de quakeresses encapuchonnés de gigantesques colimaçons ou arborant de larges chapeaux verts. La salle Sainte-Cécile, où se tenaient les séances, « bien choisie pour un concert universel », était pavoisée de drapeaux de toutes les nations. On entendit des harangues en diverses langues, et Victor Hugo prédit qu'un jour viendrait où les canons et les obus seraient placés au musée des antiques comme objets de curiosité. Pendant ce temps, la Russie et l'Autriche étaient occupés à « pacifier » la Hongrie.

XV

Cérémonies et Fêtes

« Mademoiselle.

« Le Directeur des Beaux-Arts a l'honneur de vous prévenir que vous êtes désignée pour faire partie du cortège de jeunes filles qui doit figurer à la fête de la Concorde, le 14 mai.

« Les jeunes filles devront être vêtues de blanc.

« La corporation des coiffeurs ayant offert de coiffer gratuitement les cinq cents jeunes personnes, si vous deviez profiter de cette proposition, vous voudrez bien vous rendre dès six heures du matin, au palais de la Bourse, grande salle du rez-de-chaussée où vous trouverez les couronnes et les rubans tricolores qui vous sont destinés... »

En recevant cette lettre et la carte rose de « cortège » qui y était jointe, Mlle Éléonie Nibault dut être au comble de ses vœux, et l'heure matinale du rendez-vous ne réussit pas sans doute à l'effrayer. On aime à se la représenter au tout premier rang des gracieuses figurantes qui entouraient le char de l'Agriculture, à cette fête du 14 mai 1848 — rejetée au 21 — la première qui ait suivi les journées de février. Les cinq cents jeunes personnes n'étaient peut-être pas toutes aussi jolies qu'on l'eût souhaité, la plupart semblaient plus fières de leur uniforme que de leur beauté et, ajoute un chroniqueur malveillant, elles en avaient le droit. En tous cas telles qu'elles étaient « en costumes de communiantes, le front ceint du rameau druidique et marchant sous l'aile de leurs mères couvertes de châles en tartan et de bonnets de fantaisie », elles ne contribuaient pas peu à donner un caractère populaire et sans façon à cette fête improvisée où l'on voyait des statues gigantesques sur de vulgaires échafaudages et des bouquets de fleurs à l'extrémité des canons de fusil. L'offre aimable des coiffeurs à l'égard de ces demoiselles est bien dans la note. N'était-ce pas une fête corporative, où chacun y mettait du sien. Tous les corps de métiers étaient représentés avec leurs chefs-d'œuvre et le Champ-de-Mars où les troupes d'ordinaire évoluaient à l'aise les jours de revue avait dû être agrandi par des travaux de terrassement pour contenir toute la foule.

La fête de la promulgation de la constitution, qui eut lieu le 12 novembre suivant, fut plus solennelle et plus mondaine et les vastes tribunes improvisées sur la place de la Concorde pour le défilé des troupes, étaient remplies d'élégantes « jouant avec le lorgnon en guise d'éventail et aussi heureuses qu'au bras de leurs danseurs de redotowska ».

En 1849, les fêtes ne manquèrent pas à l'occasion de l'exposition de l'Industrie qui se tenait aux Champs-Elysées. L'exposition elle-même n'était-elle pas, d'ailleurs, une fête permanente pour le Parisien? Les bons pères de famille en particulier y conduisaient leurs enfants, quitte à éviter la galerie des mannequins dont la tenue légère pouvait offusquer la vue.

Le 3 novembre de la même année eut lieu une cérémonie, dont bien peu de personnes, si l'on en croit la presse, comprirent le sens. Il s'agit de l'institution de la magistrature. « l'installation » comme le porte un bois populaire des plus curieux. Alors que tout le monde avait été libéré du serment politique, les magistrats avaient réclamé pour eux la prestation du serment professionnel. Voilà pourquoi ils se trouvèrent ce jour-là dans la Sainte-Chapelle, en grand costume « manteau d'hermine, épitoge, robe rouge, rabat de dentelles, souliers à boucles et mollets », pour entendre la messe et diverses harangues. Le discours du Président de la République est le seul qu'on ait écouté, probablement, dit *le Caricaturiste*, parce c'est « le seul qu'on ait entendu ».

En 1850, l'anniversaire de la proclamation de la République fut célébré, le 4 mai, sur la place de la Concorde. Des arcs de triomphe, des décorations de toutes sortes furent élevées « à toutes les gloires de la France ». Au centre, l'obélisque entouré de figures égyptiennes évoquait une des plus célèbres campagnes de celui qui avait été le premier Empereur. La glorification de Bonaparte préparait l'opinion publique à l'avènement de Napoléon III.

XVI

A la recherche de la fortune ou du bonheur
Californie. — Icarie. — Algérie

Pour florissantes qu'elles soient, l'agriculture et l'industrie ne suffisent pas à retenir en France ceux que tourmente le désir de faire rapidement fortune. A quoi bon s'exténuer toute une vie pour amasser quelques sous, quant à l'autre bout du monde on ramasse l'or à la pelle. Mieux vaut s'expatrier et aller passer cinq ou six mois dans les riches placers de la Californie qu'on vient de découvrir.

C'est à la fin de l'année 1848, que la découverte des gisements a été connue à Paris, et aussitôt des compagnies se sont formées, pour faciliter le voyage des émigrants. En mai 1849, on en compte une quinzaine. La « Compagnie parisienne » a eu l'honneur de faire partir les premiers voyageurs et tant il est vrai que le merveilleux séduit toujours le parisien, ces nouveaux Argonautes se sont confiés à un Jason aveugle, qui n'a jamais vu la Californie, Jacques Arago, poète, vaudevilliste, journaliste, et auteur par surcroît d'un voyage autour du monde, écrit en partie sur les notes d'autrui. Les départs se succèdent sans discontinuer. Des prospectus chauffent l'enthousiasme. On annonce « des millions pour un sou ». Des journaux se fondent : *La Californie*, journal des intérêts généraux de l'Océan Pacifique, *L'Aurifère*, moniteur des mines d'or, *L'Echo du Sacramento*. Des sociétés anonymes lancent des actions à bas prix, cinq francs seulement, à la portée de toutes les bourses. Employés, ouvriers et concierges que leurs faibles ressources ou leur humeur casanière retiennent à Paris, se pressent autour des affiches qui leur promettent le Pactole, tandis que le bourgeois, esprit fort, passe dédaigneux : « Faut-il être dindon pour croire de pareils canards ».

Cependant quelque chose est plus rare que l'or en Californie, ce sont les filles à marier. Les nouveaux colons qui arrivent en foule de toutes les parties du monde sont dans la proportion de cinq hommes pour une femme. « Chacun d'eux éprouve le besoin de fonder un ménage et à défaut de beautés espagnoles ou anglo-américaines, on épouse des filles d'indiens ». Heureusement, la publicité veille, et bientôt les journaux européens sont remplis d'annonces, promettant aux demoiselles à marier un débouché facile et prompt : « Le navire la *Belle Espérance* va prochainement mettre à la voile pour San Francisco. Les égards les plus grands sont promis pour tout le temps de la traversée. S'adresser à Paris, rue Monthyon, 5, à M. Flambard, agent d'affaires, ancien capitaine de dragons ». Le quartier de la Boule Rouge est en émoi : appuyées sur de longs bâtons, la besace au bras, de jeunes fidèles de la paroisse Notre-Dame de Lorette partent en pèlerinage pour la Californie.

Californie, nom magique qui fait tourner toutes les têtes ! Il suffit d'être déguisé en Californien au bal de l'Opéra pour grouper autour de soi les dominos les plus charmants, mais si l'on s'y présente en Icarien, c'est immédiatement l'effet contraire qui se produit.

L'Icarie, en effet, ce pays de l'Utopie, vers lequel Etienne Cabet, le communiste, entraînait ses disciples, n'est pas, à beaucoup près, aussi prestigieuse que les rives du Sacramento, et les compagnons qui, pleins de foi, se sont embarqués à Brest le 3 février 1848 en chantant :

> « Partons pour l'Icarie,
> C'est le sort le plus beau, le plus digne d'envie. »

ont du changer de ton en arrivant dans les marécages du Texas et de l'Illinois où les fièvres les guettaient. En tous cas, ces nouveaux apôtres qui fuyent le monde, renient l'individualisme et mettent leurs biens en commun pour fonder une société nouvelle, ne jouissent que d'une popularité modérée.

Il en est autrement des colons qu'attire l'Algérie, enfin pacifiée par la soumission d'Abd-el-Kader (décembre 1847). Du quai de Bercy ou de celui de la Tournelle, ils partent par huit à neuf cents sur des chalands de trente mètres de long pour aller moitié par eau, moitié par terre, s'embarquer à Marseille. Le clergé les bénit, les généraux les haranguent, la foule les acclame et ils s'éloignent au son des musiques militaires que scande le battement régulier des roues à aubes du vapeur qui les remorque.

XVII

L'aérostation
Inventeurs et Acrobates

Vous intéressez-vous à l'aérostation ? Avez-vous des fonds disponibles ? Souscrivez bien vite à l'Association scientifique pour la fondation de la navigation aérienne, système Samson père et fils. L'action ne coûte que 25 francs, dans un an elle en vaudra 300, quand l' « aérostat dirigeable, système physique, mécanique, ptérophore, dynamique et trigonométrique » aura été construit et aura fait seulement huit expériences. Vous pourrez gardez l'action comme « titre honorifique » et vous vanter d'être un « fondateur de l'aéronautique ».

Avez-vous plus de confiance dans le navire aérien de M. Petin ? Portez votre obole rue Rambuteau. Pour un franc vous serez admis à souscrire, pour cinq et au-dessus vous aurez droit à une prime. Le Président de la République a déjà souscrit. M. Théophile Gautier s'intéresse à l'entreprise, mais cette mauvaise langue de Cham prétend que sa corpulence l'empêchera toujours de monter dans les airs.

Les inventeurs sont légion et certains font preuve d'une réelle ingéniosité. A vrai dire, ce n'est pas le cas de l'auteur du « Domitor » ou Dompteur de l'air: la « voile mobilisée » qu'il préconise pour actionner un sphérique lui a été suggérée tout simplement par le fait qu'étant un jour en bateau, il a réussi à faire pivoter son embarcation en agitant un parapluie! De son côté M Petin n'a rien inventé de bien pratique. Associer quatre ballons de trente mètres est assez scabreux et il est douteux que l'appareil puisse transporter, comme le prétend son auteur, 500 hommes a la vitesse de 200 kilomètres à l'heure. Impraticable aussi l'engin de J.-B. Michel, avec ses deux cents ballons coniques et pivotants, assemblés en séries. Le navire aérien de Renous-Grave ne vaut pas mieux. Par contre, le dirigeable allongé de Samson père et fils, avec son énorme gouvernail en queue de poisson, peut être considéré comme un prototype de nos semi-rigides à empennage; la locomotive aérienne Meller évoque assez la silhouette du monstrueux Zeppelin, et le ballon en couronne de MM. A. Treille et A. Meyer repose sur le même principe que le lenticulaire de Capazza. Mais tous ces projets auxquels la partie essentielle, le moteur, fait défaut, ne reçoivent jamais la moindre réalisation. Nous sommes loin des services organisés qu'annonce le *Journal pour rire* pour la planète Leverrier ou pour la Lune.

Pendant que les inventeurs s'évertuent à résoudre sur le papier le problème de la navigation aérienne, les amateurs et les savants continuent a se laisser entraîner au fil du vent dans des ballons libres. Ce sont MM. Bixio et Barral qui s'élèvent, le 29 juin 1850, de la cour de l'Observatoire pour aller chercher dans les altitudes les plus élevées le secret des phénomènes atmosphériques: ce sont les frères Godard qui emmènent, la même année, quatre passagers de Paris à Ostende. Grand voyage pour l'époque assurément que d'aller atterrir en Flandre, car la plupart du temps, les acrobates et les forains qui font la majeure partie des ascensions se contentent de descendre en Argenteuil ou à Aubervilliers-les-Vertus.

Il faut bien le reconnaître, c'est à ceux-là surtout que vont les sympathies de la foule; on aime Mme Margat, Mme Garnerin. On applaudit M. Poitevin qui se fait enlever à cheval sur un petit poney. Doué d'imagination, Poitevin varie souvent ses exhibitions. Un jour il s'élève avec une autruche, mais l'oiseau manqué agite désespérément ses pattes et ses moignons d'ailes, et son cavalier, peu rassuré, regagne par une échelle de cordes la nacelle accrochée au-dessus. Une autre fois sa femme sur un taureau figure l'enlèvement d'Europe, mais le grand succès fut pour l'ascension de l'*Uranus*, portant « outre le courageux aéronaute, trois jeunes écuyères suspendues à la nacelle de ce ballon, et présentant aux spectateurs étonnés, l'apparence de personnages mythologiques, supportés par de légers nuages de toile et de carton entourant la nacelle. »

XVIII

Les Théâtres

Les événements de 1848 ont porté un coup sensible aux théâtres, souvent le « vaudeville fredonne dans le désert et le drame pleure devant des banquettes. Où sont les gens qui vont au spectacle ? » demande *le Caricaturiste*. « Où sont les gens qui vont chercher des émotions factices pour leur argent, quand ils peuvent goûter gratis les émotions réelles que leur offrent les émeutes et le choléra ? »

L'Opéra lui-même connaît de faibles recettes, malgré « un chef-d'œuvre illustre de toutes les merveilles du ballet, de toutes les pompes de la mise en scène... » *Le Prophète*, joué en 1849 et interprété par Roger et par Mme Viardot, suffit tout juste à balancer les frais. Meyerbeer est pourtant l'homme du jour; Auber, Halévy et Félicien David, dont on joue *l'Éden* en 1848, ne peuvent rien contre tant de gloire.

Le ballet, après avoir perdu Taglioni et Fanny Elsler, se soutient encore avec éclat; Carlotta est la reine de la danse, l'idole du public, quand elle rentre en 1849, après une absence à l'étranger.

Le Théâtre-Français est gros de conspirations et d'intrigues ; Mlle Rachel, qui fait en 1848 une inoubliable création de *la Marseillaise*, veut-elle rester ou partir? Tout en plaidant contre la Société, elle fait de fructueuses et fatigantes tournées en province ; les journalistes dépeignent avec force détails l'aménagement de sa roulotte et l'intérieur de son hôtel de la Chaussée d'Antin, « une sorte de *buen retiro*, nid délicieux de soie, de marbre et d'or. »

Le dessin de Talin, qui représente Musset et Rachel discutant sur l'amour, rappelle les représentations des charmantes comédies du poète ; *le Caprice* est joué par Mme Allan en 1847 à la Comédie Française, et les autres pièces se succèdent avec autant de succès.

Directeur infortuné, Bocage s'efforce, mais en vain, de peupler les solitudes de l'Odéonie ; les pièces se suivent et se ressemblent... par les recettes.

Le Théâtre Historique traduit en tableaux vivants et parlants les feuilletons de Dumas et Marquet. Les spectateurs apprennent l'histoire de France, au cours des représentations de la *Reine Margot*, de *Monte-Christo*, des *Mousquetaires* ou du *Chevalier d'Harmenthal* ; et plus d'un rêvent aux prouesses de Mélingue et au charme de Mlle Person.

Balzac, qui mourut en 1850, et George Sand donnent

une note plus réaliste ; tandis que Geoffroy silhouette remarquablement *Mercadet*, la *Petite Fadette* (1849) et *François le Champi* (1850) font connaître aux Parisiens « les paysans dans la vérité, légèrement idéalisée, de leur caractère et de leur langage. »

Abandonnant la rive gauche pour la scène des Variétés, la *Vie de Bohème* est applaudie par les bourgeois sans rancune (22 novembre 1849), et Kopp se taille un beau succès dans le rôle du naïf Baptiste.

La Porte-Saint-Martin, le Vaudeville et le Théâtre Montansier jouent des revues et des pièces de circonstance. Clairville est l'infatigable auteur ou collaborateur de ces à-propos qui manquent souvent d'esprit et de gaieté ; tantôt il critique le socialisme, comme dans *la Propriété, c'est le vol* (Vaudeville, 28 novembre 1848) ; tantôt il met en scène l'Assemblée nationale, l'Assemblée législative, le Suffrage universel et autres actualités politiques, dans *l'Exposition des produits de la République* (20 juin 1849) ou dans *le Palais de Cristal* (26 mai 1851).

Au Théâtre Montansier, Grassot, dans *les Marraines de l'an III*, présente un extraordinaire Soulouque 1er, paré d'un gigantesque bicorne à plumes et d'habits trop dorés.

Un public élégant applaudit aux Italiens, salle Ventadour, les « rossignols d'hiver », parmi lesquels Mmes Alboni et Castellan : les « Lionnes » y sont assidues, moins par amour du *bello canto* que par orgueil de leurs toilettes et de leurs joyaux.

Au Théâtre Choiseul (ci-devant spectacle de M. Comte), c'est l'Opéra et le Cirque en miniature ; on joue des féeries, avec décors, costumes, mise en scène, trucs et divertissements. Chez Séraphin, au Palais-Royal, ce sont les ombres et les marionnettes qui triomphent. Enfin, les théâtres du boulevard du Temple, bien déchus de leur ancienne splendeur, continuent leurs représentations avec des fortunes diverses.

D'autres attractions séduisent encore la curiosité du public ; tantôt ce sont les *Arènes nationales* de la rue de Lyon, évocatrices des tauromachies espagnoles ; tantôt ce sont des nains, très en vogue, comme *Tom Pouce* ou le prince et la princesse *Colibri* ; tantôt, enfin, les « soirées fantastiques » de Robert Houdin, avec expériences de prestidigitation, automates et pièces mécaniques.

XIX

La Chanson

Dans un genre inférieur, mais d'un goût bien parisien, la chanson fait fureur; Béranger reste très populaire et les ouvrières fredonnent la chanson de *Lisette*, composée par Frédéric Bérat et créée par l'inimitable Dejazet. Pierre Dupont, Paul Henrion, Gustave Nadaud, Bérat, Leroy égayent Paris de leurs romances.

On chante *Mimi Pinson*, la *Mésange*, la barcarolle *Vers les rives de France*, la *Bacchanale* tirée du *Juif-Errant* d'Eugène Süe (représenté à l'Ambigu en 1849), ou *la Ronde des Truands* intercalée dans *Notre-Dame-de-Paris* (drame de Paul Fouché, représenté en 1850).

On célèbre l'amour et le vin, les guinguettes aux portes de Paris, le petit bleu et même l'infâme mixture de certains cabarets : *La Courtille a encore des charmes*, ou *Au vin à quatre sous*.

Les événements politiques fournissent une veine abondante à exploiter; dès les premières journées de la Révolution, les satires contre Louis-Philippe et le régime déchu se rencontrent nombreuses. On écoute *le Banquet du peuple* ou *Souvenez-vous du 24 février*; on raille *les Beautés de la Monarchie*, que ce soit celle de Louis-Philippe ou celle de Pomaré. Du 23 février au 23 juin, des groupes parcourent les rues, en entonnant *Mourir pour la patrie* qui est l'hymne en vogue; les réactionnaires en font une parodie *Nourri par la patrie*, allusion à la formation des ateliers nationaux. Les vieux chants républicains sont rajeunis au goût du jour : il y a *la Marseillaise de 1848*, *la Carmagnole de 1848*. De nouvelles créations réchauffent en outre l'enthousiasme populaire. Laurent de Rillé écrit le *Chant des travailleurs* et Pierre Dupont le *Chant des étudiants* et le *Chant des ouvriers*.

Mais viennent les journées de juin et la note grave domine; la mort de l'archevêque sert de thème à nombre de chants funèbres :

> « Voyez, voyez ce funèbre cortège,
> C'est l'archevêque, amis, découvrons-nous. »

On consacre *le Nouveau d'Assas*, à la *mémoire du général Bréa* et d'autres productions de même valeur au souvenir des généraux frappés pendant la guerre civile.

L'élection du prince président est un prétexte à l'éclosion d'innombrables chansons napoléoniennes; Cavaignac y est opposé à Louis-Napoléon : *Quinte et quatorze à Louis Bonaparte; Capot!* (Cavaignac) *ou les adieux au pouvoir*. On chante sur l'air de la *Mère Michel*

> « Mais Louis Bonaparte est un prince d'État
> Retire-toi, Cavaignac, Napoléon est là.

Napoléon Ier bénéficie de cet engouement et le public est renseigné de cette façon poétique sur sa carrière glorieuse :

> « Il fit trembler les fameux murs de Vienne
> Avec son art et son petit chapeau. »

Toutes les chansons ne sont pas favorables au prince Louis-Napoléon et, si l'on vend l'*Honnête homme président premier de la République*, le public entend aussi dans les carrefours populeux la *Petite complainte d'un grand sabre* ou le *Neveu de l'Oncle*, chansons hostiles au président.

Gustave Leroy tire parti du contraste entre le rétablissement de la peine de mort et un bal présidentiel et écrit *le Bal et la Guillotine* (17 mars 1849) :

> « A l'Elysée on dansera ce soir. »

Il faudrait un volume pour citer et analyser toutes ces chansons d'actualité : celles qui sont composées à l'occasion des fêtes républicaines (*Fête de la Concorde; Hymne à la Fraternité*) : celles qui plaignent les proscrits (*les Adieux du proscrit; l'Epouse du proscrit; les Messagers du captif*) : celles qui prêchent l'union des classes ou font un parallèle entre les soldats et les ouvriers : celles sur l'Icarie, les chercheurs d'or, les colons partant pour l'Algerie : enfin la cohorte nombreuse des chansons sociales, qui louent ou critiquent le socialisme, le communisme et autres doctrines contemporaines.

Quant aux artistes en plein air, qui répandent ces mélodies faciles, Daumier les dépeint mieux que personne dans sa célèbre suite *Les musiciens de Paris*: chanteurs opiniatres qui ne cessent de clamer : *Adieu, à la grâce de Dieu!* ou figures de misère célébrant la joie et le confort du foyer familial :

> « Où peut-on être mieux *bis*
> Qu'au sein de sa famille... »

Nisard donne une liste de ces artistes nomades qui se faisaient suivre de leurs femmes et de leurs enfants. « Ceux-ci accompagnent non seulement de la voix, mais de l'orgue, du tambour de basque, de la harpe et de la guitare : ils sont à la fois le chœur et l'orchestre. »

XX

Les Cafés

Les cafés de Paris sont innombrables et leur nombre s'accroit sans cesse; selon les quartiers et les établissements, les habitués et les habitudes changent. Le Café Turc et le Café de la Régence sont les rendez-vous des joueurs de dominos et d'échecs; le Café de Paris et le Café Anglais rassemblent les viveurs et la jeunesse dorée; dans ceux de Mulhouse et de l'Europe, vous ne voyez que négociants ou commis voyageurs.

Voici un des plus fréquentés, le Grand Café de France, au boulevard Bonne-Nouvelle, où s'alignent neuf billards. N'oublions pas le célèbre Café Procope, sur la rive gauche, avec son public de littérateurs et d'artistes. Donnons enfin un souvenir au Café Momus, rue Saint-Germain l'Auxerrois, où se réunit le Cénacle de la Bohème, où Schaunard et Colline ébauchent de merveilleux projets d'avenir. En même temps les cafés chantants s'implantent à Paris, après avoir vu le jour à Lyon. Quelques musiciens placés sur des treteaux aux Champs-Elysées, quelques tables alignées suffisent tout d'abord à attirer le promeneur qui se rafraichit aux sons d'une musique rustique. « Mais tout à coup, le Café Morel s'élève, d'autres beaux établissements s'édifient, l'orchestre se régularise, de vrais chanteurs sont appelés… le costume s'introduit avec la République et vient relever la chansonnette ». Pourquoi faut-il que les théâtres lyriques s'émeuvent de la concurrence et fassent naitre des règlements sévères? Comme si les règlements pouvaient empêcher les Parisiens d'aller où bon leur semble, de préférer les Ambassadeurs à la Comédie-Française et de dire, comme tel d'entre eux :

> « J'aime le café chantant,
> C'est charmant.
> Rigolant. »

La gravure d'A. Portier, qui représente le *Café chantant*, donne une idée de ce qu'étaient ces établissements : on y voit les artistes assis sur la scène et attendant leur tour ne chanter.

XXI

Les Bals

« Que dit-on donc? que Paris est pauvre, que Paris est triste, que Paris se meurt de misère et de chagrin? Mauvais rêve de quelques esprits pessimistes… On

danse à Montmartre, aux Champs-Elysées, à la barrière
du Maine, à la Courtille; on danse aux quatre points
cardinaux

« Montons à Clignancourt, on danse. Voici le *Château-Rouge* avec son pavillon historique, ses galeries mauresques, ses arbres séculaires, ses bosquets amoureux
où respire le souvenir du vert galant. » Au Quartier
latin, trois établissements se disputent les *Chaloupeurs* :
le *Prado*, la *Chaumière* et la *Closerie des Lilas*. La
Chaumière a sur les deux autres l'avantage de ses
montagnes russes... « Aux Champs-Elysées » tout le
long du chemin, le cornet à piston vous convie au
quadrille, à la valse et à la polka. A droite, c'est le
Chalet, rendez-vous de la fine fleur des artistes ; à gauche,
c'est *Mabille*, cher aux pénitentes de Notre-Dame-de-
Lorette ; le *jardin d'Hiver* où l'on danse comme les
melons poussent, sous cloche ; le *Château des Fleurs*,
un orchestre dans un bouquet..

Si, au dehors de la barrière, le *Jardin de l'Etoile* et
le *Ranelagh* ne vous attirent pas « vous avez, au plein
cœur de la Chaussée-d'Antin, le *Casino Paganini* qui,
suivant l'expression du poète, transporte la campagne
au milieu de Paris et vous fait assister à la Fête des
Roses (non pas des rosières et pour cause)... Et je ne
parle pas des bals accidentels, de *Musard*, par exemple,
le bâton d'une main, l'aumônière de l'autre, ceint de
l'écharpe municipale, faisant danser Paris à la mairie
d'Auteuil au bénéfice de ses pauvres... Citerai-je les
rigodons de deuxième, de troisième et de quatrième
ordre, où l'on *tricote des guiboles* à raison de 25 centimes
par contre-danse, l'Elysée-Montmartre, l'Hermitage, le
petit Tivoli, le Jardin de la Gaité, le Moulin de la Galette,
la nouvelle Ile d'amour, le Bœuf rouge, les Barreaux
verts, où fleurit le Guillotiné... Faut-il nommer aussi le
Salon du Sauvage, le Salon d'Apollon, le Château des
Brouillards, le Grand-Turc, le Rendez-vous des Braves,
Romainville où l'on danse encore *sous la coudrette*, à
l'instar des vieilles chansons ?... J'en passe et des meilleurs. Comment n'en point passer ? La banlieue foisonne
de guinguettes où le peuple français, — peuple de
braves, — saute et cabriole comme un seul homme. Du
haut en bas de l'échelle sociale (style de grand journal),
on danse, jusques et y compris dans ces cabarets borgnes
où la musette seule a le droit de cité et où les beaux
danseurs se mesurent au poids de leurs jetés-battus...
De tout quoi il faudrait conclure que si Paris est triste,
que si Paris est pauvre, il danse apparemment pour
s'étourdir... » (*Le Caricaturiste*, Dimanche 26 août 1849.)

XXII

Lorettes et Grisettes
La Vie de Bohème

Lorettes et grisettes forment la clientèle ordinaire des bals. Elles y ont pour partenaires l'étudiant et le rapin aux costumes plus fantaisistes que luxueux, pantalon à larges carreaux, habit noir qui fut vert, et cravate flottante. Leur tenue provoque l'indignation des bourgeois : « Ce n'est pas sous l'Empire qu'on aurait dansé comme ça ! » mais allez donc faire entendre raison à Rodolphe que Mimi vient de quitter et qui, la mort dans l'âme, improvise avec fougue le « pas des regrets et soupirs » pour séduire une nouvelle maîtresse et s'étourdir aussi.

On se prend, on se quitte. C'est la vie au jour le jour, la vie de Bohème. Musette a froid, elle abandonne le peintre Marcel et sa chambre de la rive gauche pour le quartier plus luxueux de la Boule Rouge. Elle tombe à l'improviste chez une amie et met dans l'embarras un visiteur qui s'est caché en entendant sonner : « Tiens, qu'est-ce que j'aperçois... ça doit être un réfugié étranger... dire que je vois peut-être les pieds de Garibaldi ». Elle ne tarde pas à recevoir des déclarations, les soupèse et les juge d'un mot : « C'est rempli de sentiment, cette lettre là... il doit demeurer au cinquième ». De politique elle n'a cure, peut-être incline-t-elle au bonapartisme, si l'on en croit sa « litanie », à moins qu'elle ne se classe parmi les « réacs ». Elle n'attend qu'une occasion de contracter une nouvelle union, de la main gauche bien entendu, devant le maire du treizième arrondissement — aujourd'hui nous dirions le vingt et unième. Cette occasion, elle la trouve au bal masqué, dans la personne d'un gracieux mandoliniste, et Pierrot, désœuvré, assiste au mariage, la figure enfarinée et les mains dans les poches de son vêtement flottant.

Voici l'été. L'argent se fait rare. Mlle *** demande à emprunter 600 francs à l'Assemblée nationale pour payer son terme (*Historique*) et s'étonne de ne pas recevoir de réponse. En ces temps de révolution, il faut s'attendre à tout. Des soldats ne l'ont-ils pas surprise l'autre matin à sa toilette ! Ses amis ont déjà quitté Paris, elle va à la campagne. Peut-être y trouvera-t-elle un Crésus pour remettre sa bourse à flot. Mais elle ne croise qu'Arthur, Arthur qu'elle a tant aimé et qui est devenu socialiste. « Faut-il qu'il ait eu des créanciers ! » Elle rencontre aussi beaucoup d'amies. Tous les environs de Paris sont remplis de promeneurs et de promeneuses, les blés ondulent au passage de réfugiés... non politiques, mais que le garde champêtre poursuit néanmoins inexorablement. Édouard de Beau-

mont retrouve Henri Murger et le dessinateur comme
l'homme de lettres prend plaisir à voir passer Musette,
Mimi et Phémie Teinturier, sans bonnets et en simples
toilettes, qui reviennent de la foire de Saint-Cloud sur
l'air du Larifla avec accompagnement de mirliton
obligé.

XXIII

Modes et Fashion

La mode change d'une saison à l'autre. Au petit
bonnet succède le grand chapeau, puis l'on revient à la
coiffure minuscule. La sous-jupe crinoline qui n'est pas
définitivement implantée alterne avec la robe princesse.
Le manteau demi-long concurrence le mantelet demi-
court, l'écharpe dispute la vogue au châle.

Le vêtement masculin s'inspire des innovations Lon-
doniennes. Dans la rue, les tailleurs émerveillés
prennent des croquis et des notes.

Les promenades du centre commencent à être délais-
sées. Aux Tuileries on ne trouve plus guère la société
élégante qui s'y pressait en 1830; des groupes s'y
forment toujours, mais ce sont surtout des familles, des
bonnes d'enfants, toilettes simples, bonnets sans apprêts,
coiffes de cauchoises ou de bretonnes. Le Luxembourg
garde ses habitués notamment aux abords de la fontaine
de Médicis dont la décoration n'a pas encore été modi-
fiée.

On va aux courses : au Champ de Mars, à Chan-
tilly. Longchamps garde son prestige, les lions y vont à
l'anglaise, c'est-à-dire en cab, les élégantes en calèche,
à la française, et beaucoup de monde en « boîte », petit
coupé bas, très propre, qui vous a « les airs aristocra-
tiques d'une voiture de maître » et qu'on trouve « sous
remise » moyennant deux francs l'heure.

Le soir, les bals sont fréquents. Le président de la
République donne l'exemple et, si l'on en croit les *Modes
parisiennes*, la soirée du 16 janvier 1851, en particulier,
fut « très nombreuse et très brillante. Les toilettes
légères dominaient : robes de tulle sur dessous de ma-
gnifique taffetas ou satin; les bouillonnés, quoique
anciens, toujours en grande faveur ».

On y parla d'une nouvelle forme de robe, un pardessus
attenant et ajusté à une jupe, qu'il était question de
lancer sous le nom de « lévite impériale ». En rapportant le fait, le chroniqueur mondain se défend de parler
politique. Il ajoute que pour « faire recevoir cette nou-
veauté », le meilleur moyen serait « de lui donner deux
ou trois dénominations comme on a déjà fait pour une
certaine couleur verte qui s'est appelé à volonté vert-
Président et vert-Chambord ».

En été, Parisiens et Parisiennes s'en vont de plus en plus vers les stations thermales, Bade, Vichy, Néris, ou bien se rendent à Dieppe et à Trouville où s'affirme la mode naissante des bains de mer.

XXIV

La Rue

Petits Métiers et grands Magasins

« Visite du duc de Praslin à Louis-Philippe !... Réapparition de la Duchesse de Berry dans la Vendée ! ... Un sou !!! »

La rue est au marchand de journaux. Vous entendez crier les nouvelles les plus fantastiques. Vous passez en souriant, mais bon nombre de personnes se laissent prendre aux boniments du colporteur qui, assis au pied d'un arbre, sa lanterne fichée au bout d'un baton, détaille sa marchandise. Le métier est bon. La meilleure preuve est que les marchands de journaux ont beaucoup de mal à se les procurer : pour avoir leur tour, ils sont obligés de faire la queue pendant une partie de la nuit, en pleine rue, exposés aux intempéries des saisons : « çà vous fait frémir en voyant c'te queue », chante l'un d'eux.

> « ... Avez-vous l'*Événement* ?
> Voyons, servez-moi de suite,
> Cinq *Démocraties*, dix *Révolutions*,
> Demandez l'*Crédit*, on reprend l'bouillon... »

A côté du crieur de nouvelles, vous trouvez l'éternel marchand d'habits, le porteur d'eau, le marchand de salades, la marchande de saucisses, le fontainier, le charbonnier, le galant rémouleur. Casquette sur l'oreille, un jeune faubourien vous propose « Des cigarres et du feu » ; pendant ce temps une bouquetière en tablier blanc offre des fleurs pour Madame, et vous cherchez votre bourse, ne sachant où fourrer l'ombrelle qu'on vous a donné à porter. Mais quel est ce brouhaha ? Les gens se bousculent, un enfant roule à terre, un gâte-sauce laisse tomber des casseroles, les fenêtres se garnissent de badauds, « Paris est sens dessus dessous. Est-ce une révolution ? Non c'est un serin envolé . »

Fuyant la foule, vous vous réfugiez dans un magasin de nouveautés. Vous n'avez que l'embarras du choix entre les galeries des Villes de France, la Belle Fermière, le Pauvre Jacques, les Mousquetaires, le Grand Colbert, la maison du Pauvre Diable, mais vous retrouvez la même cohue à l'intérieur qu'à l'extérieur. On s'écrase autour des bonnets de coton à 10 centimes, des gants de cachemire à 15 centimes, du mérinos pure laine à treize sous, et des cachemires de l'Inde à 4 fr. 95. Les employés, les chefs de rayon, tous beaux comme Antinoüs et éloquents comme Apollon, s'empressent autour de vous et vous êtes servi par tel petit commis au blanc qui mourra peut-être multimillionnaire.

Ayant terminé vos emplettes, vous entrez chez le pâtissier voisin. Il s'est mis au goût du jour et a débaptisé nombre de ses plus belles pièces : « Un gâteau des Rois ? Connais pas... Monsieur veut dire un Réac ».

Prenez garde, en sortant, de heurter l'ouvrier qui badigeonne la devanture. Écoutez-le plutôt dénoncer les méfaits de la céruse et célébrer les avantages du blanc de zinc :

> Nos pinceaux autrefois de céruse empestés,
> Exhalaient parmi nous des gaz empoisonnés.
> On nous voyait soudain trembler de tous nos membres,
> Les jeunes ouvriers, vieillards avant le temps,
> Délaissant l'atelier, maudissaient dans leurs chambres
> La colique, la fièvre et mille autres tourments.

Pour peu que vous l'en priiez, il vous récitera tout le poème à la louange de l'entrepreneur avisé qui le premier a renoncé au produit nocif pour adopter « le blanc de zinc innocent ».

L'installation de l'Exposition et la composition de la présente Notice sont l'œuvre collective de MM. Marcel Poëte, inspecteur des travaux historiques et conservateur de la Bibliothèque, Edmond Beaurepaire, bibliothécaire, Étienne Clouzot et Gabriel Henriot, attachés.